Report

CONFIDENTIAL

朝鮮戦争で生まれた
米軍慰安婦の真実

広島大学名誉教授・東亜大学教授
崔 吉城
Choe Kilsung

[文化人類学者の証言]
私の村はこうして
「売春村」になった

DECLASSIFIED
№ 978-4-8024-0060-2

SUPERINTENDENT
Heart Publishing Co., Ltd.
ハート出版

はじめに

私は、戦前の貧困農村の出身者である。我が家《わや》には、回る車がついた道具は、綿の種を取るムレという道具しかなく、あとは木の臼《うす》があるくらいだった。鉄製の道具は、包丁と鎌のほかに若干の農具があったが、常備薬はなく、トイレットペーパーもない。当時、村では自動車を一台も見た覚えがなく、日本の警察の自転車を見たことがあるだけで、あたかも石器時代のような状況だった。

そこに、朝鮮戦争が起きた。当時一〇歳くらいだった私にとっては、それが原始時代と現代文明との混合の時だった。

私たちは実際問題として、悲惨な戦争というものに巻き込まれたわけだが、その一方で、飛行機や戦車、銃や大砲などを見て、感動したりもした。なぜなら、これらは当時としては最新の武器であり、つまりは最新の文化に接したことになるからである。少年だった私は、こうした最先端の技術・文明を目《ま》のあたりにして、大きな衝撃を受けた。

こうした、地方の貧《まず》しい農村の出身であることは、一般には、どちらかと言えば不名誉なことに思われるかもしれない。しかし、私はそうは思わない。現在の私は、「高齢者」と呼ばれる世代ではあるが、それは、ただ年齢の推移だけを指すものではない。石器時代からインターネット時代まで、第一、第二、第三の波を、全て生きてきたという意味もあるのである。

これは、私に限った話ではない。戦争を体験した人たち、戦前戦後の時代を生きてきた多くの人たちとも、共有できる感覚ではないだろうか。


戦争によって、私個人だけではなく、社会と国家も大きな試練を受けた。朝鮮戦争は、韓国人の価値観を大きく変える契機になったのである。詳しくは後述するが、第二次大戦後の韓国社会は、まだ儒教とシャーマニズム（巫術《ふじゅつ》）の、伝統的な価値観を持つ社会だった。村人たちはキリスト教には関心がなく、牧師や宣教師が村に入ると嫌な顔をした。

しかし朝鮮戦争は精神的、文化的にも大きな衝撃を与え、こうした伝統的な価値観にも変化をもたらした。北朝鮮に共産主義政権ができると、信仰の自由を圧迫された多くのキリスト教信者が韓国へ避難してきて、教会が急成長したのである。


私にとっての「人生観」とは何か。それは、あたかも「戦争哲学」と言えるほど、朝鮮戦争からの影響が大きく、そのことは、私の強さであり、弱さでもあると思っている。

例えば、世間で経済不況と言われるような時であっても、朝鮮戦争の時代を思い出すと、自分は生き残れるという自信がわいてくる。さらに私は、こうした朝鮮戦争の経験から、性、儒教、政治、国際関係までを思索することができる。

私はこれまで、自分が直接体験した国連軍の性暴力というものに基づいて、いくつかの論文や論考を発表してきたが、いつのまにか、自分自身が証言者のようになっていった。もちろん第三者の証言を聞き、現地での調査もしているが、それでもなお、私自身が証言者のようになっていったことを、不思議に思う。

今日《こんにち》にあって、戦争を否定しつつ、平和を求めるということは多い。ただ、反戦的な図式に沿って「戦争反対」を訴えている人たちの中には、「戦争を議論する」ということさえタブーにしているような場合がある。それは、戦争が人類社会にとって最も普遍的な「絶対悪」とされてきたからであろうが、私は、こうした反戦主義者たちや平和運動家たちにも、問いかけてみたい。皮肉にも平和は戦争と密接しているということ、そして、「戦争と平和」は対《つい》になっているということに、注意を喚起したいのである。

これまで何度も、戦争のために平和という言葉が利用されてきた。歴史をさかのぼってみても、戦争を正当化するにあたって「平和」が借用されるというのが常であった。そして、どの侵略者も同じように口にする言葉が「平和か、人道か」である。ある者は、「平和を守るために戦争を起こす。それは『国益』のためなのである」と言う。つまり従来の、戦争を評価するにあたっての標準的な枠《わく》は、正義ではなく利益だったという言説である。だが、いったん戦争を「正しい」と容認してしまうことは、盗みや暴力さえ容認するという思考につながりかねない。

では、戦争をどう見るべきか。人類にとって「戦い」は普遍的な行動である。「戦い」は、日常生活やスポーツの中にもある。我々は、家族のために、または疾病などとも戦わなければならない。

確かに、戦争とは軍人によるものであり、戦闘とは戦闘員のあいだで行われるべきものである。しかし、だからといって、市民は単なる「観戦者」ではない。戦争を、戦略家や政治家だけに任せることはできないのである。


今、日本と韓国とのあいだで、戦争中の性犯罪が問題とされている。いわゆる「従軍慰安婦」をめぐる問題である。そこでは、「強制連行」や「性奴隷」といった言葉が飛びかうが、この問題に関しては、慰安婦をどのように「強制」したのか、その強制性に絞って議論すべきであろう。つまり、強姦、人身売買、拉致、といったことが、慰安婦問題の核心なのである。

以下は、こうした慰安婦問題の動きを、年表にしたものである。

1982年9月2日　朝日新聞が吉田清治氏の講演を掲載
1983年7月31日　吉田清治・著『私の戦争犯罪』（三一書房）出版

1990年11月16日　「韓国挺身隊問題対策協議会（挺対協）」設立（代表・尹貞玉《ユン・ジョンオク》）
1991年8月11日　朝日新聞の植村隆記者が「元慰安婦」の証言を公表
1992年1月16〜18日　宮沢喜一首相が盧泰愚《ノ・テウ》大統領に八回謝罪
1993年8月4日　河野洋平官房長官が「河野談話」を発表
1995年7月19日　日本政府が「女性のためのアジア平和国民基金（アジア女性基金）」を設立
1996年6月　国連人権委員会で「慰安婦」の数を二〇万人とした「クマラスワミ報告」
1997年1月15日　金泳三《キム・ヨンサム》大統領「アジア女性基金」に遺憾
2002年5月1日　「アジア女性基金」韓国国内での活動終了
2005年3月1日　盧武鉉《ノ・ムヒョン》大統領、三・一節の演説で「慰安婦問題」に言及
2007年3月31日　「アジア女性基金」解散
2011年8月30日　韓国憲法裁判所の判決「元慰安婦へ補償を」
2011年12月14日　「挺対協」が日本大使館前に慰安婦像を設置
2014年6月20日　日本政府が「河野談話作成過程」の検証結果を公表
2014年8月5〜6日　朝日新聞が吉田清治氏に関する記事を取り消し

この年表を大学の講義で学生たちに見せたところ、韓国からの留学生たちが一斉に声を上げた。彼らは、宮沢首相が盧泰愚大統領に八回も「謝罪」したことも、河野官房長官が韓国に迷

惑をかけたことを深くお詫びすると「謝罪」したことも、全く知らなかったという。だとすれば、日本国の総理大臣による八回もの謝罪は、いったい何だったのだろう。

慰安婦問題で韓国は、日本に謝罪を求め続けたいという気持ちが常にある。これは、韓国政府やメディアにバイアス（偏《かたよ》り・傾向）があるということを意味する。メディアというのは、客観的な報道が命であるはずだが、これはどういうことだろう。

実は、メディアにはそれぞれ偏向があるのである。新聞や雑誌でも、「右」と「左」が決まっている。私が北朝鮮で撮った映像を学生や市民に見せると、「メディアの映像と違って新鮮だ」と言われる。アメリカのトランプ大統領は、自分に気に入らないように編集されるメディアを「フェイクニュース」と言い切って、直接ツイッターなどで投稿するが、私には、その気持ちが十分に理解できる。

私は、日々の生活において、チリ紙一枚も無駄にせず、電気のスイッチはそのつど切るなど、どうしても節約をしたくなる。だがそれは、倫理的な節約精神とか、自分で積み上げた価値観といったような大げさなものではなく、ただの習慣である。その原点は、かつての貧困時代の「癖《くせ》」である。貧しかった時代の、特に、朝鮮戦争時代の体験からである。つまり、その苦難の時代の生活が、今の私の日常生活の基準となっているのである。

それは、「戦争は怖い」といったトラウマのようなものではなく、私の頼るところ、信念でもある。苦難というものは、必ずしもマイナスの残滓《ざんし》だけではない。私が戦争を語る意味が、ここにある。戦争を通して人生を語るのである。

私は、朝鮮半島の、三八度線近くの南側にある小さな村で生まれ、一〇歳のころに朝鮮戦争の悲惨な状況を体験した。そこでは国連軍兵士による性暴行があり、それを防ぐために売春婦たちが村にやってきた。彼女たちは、いわば「韓国の米軍慰安婦」である。私は、こうしたことについて深く考え、読者に向けて語りたいと思っている。

当時の私には、反戦思想のようなものはなかった。つらく、怖く、そして一方では面白い、そんな混乱した心理だった。こうした複雑な思いを背景に、「朝鮮戦争」、そして「戦争と性」というものについて、考えていきたいと思う。

目次

第六章　性拷問と民主化運動　176

第七章　韓国人の貞操観念　190

本書は、平成二六年に当社から刊行された『韓国の米軍慰安婦はなぜ生まれたのか』を、再構成の上、増補改訂したものです。

第一章　戦前・戦後の韓国・北朝鮮

日本統治からの解放

太平洋戦争が終わる直前に、ソウルから我が村に疎開してきて、我が家の隣に住んだ家族がいた。彼らは日本人ではないが、ソウルから日本文化を持ってきた。蓄音機、食器なども、村人の使用する物とは違っていた。私は、その家の子供と親しかった。その家族は、ソウルで工場を経営していたという。彼らは戦後まもなく、ソウルに帰還した。

後に私がソウルに転学した時、その家の子を探して訪ねて行ったことがある。その家は鉄工所だった。私は再会できて嬉しいと言ったが、なぜか彼らから冷たくされた。おそらく、私が面倒を見てほしいと頼ってきたのだと誤解したようである。私は、友への親しさや懐かしさが裏切られたような気持ちだった。その時、田舎者と都会の人の人情は異なるのだということを実感した。村からソウルまでの距離は四〇キロほどであるが、都（みやこ）と田舎（いなか）

の差、特に人情の差は激しいものだと思った。

戦争が終わると、私の故郷の村にも、徴用・徴兵された数人の青年たちが戻ってきた。私の家では、原爆投下の前に広島県の宇品《うじな》の工場から帰って来た、いとこの帰還を歓迎する宴会が開かれた。彼にとっては一年足らずの日本経験だったが、総じて日本人には、良いイメージを持っていた。

隣家には、南洋群島から引き揚げてきた青年がいた。彼は空襲の話など、戦争の話を印象的に話し、B29の爆弾投下の時に逃げた様子なども、面白く語ってくれた。また、本当かどうか分からないが、南洋のある食堂には人間の肉がぶら下げてあり、そこで人肉を食べるという話などもしてくれた。

私は、彼らの戦争物語を聞いて楽しんだ。彼らは、日本の戦争責任とか賠償というような話は、いっさいせず、無事に生き残って帰ってこられただけでも運が良かったと言った。

この隣家の彼は、日本人の女性を連れて帰ってきた。しかし、彼にはすでに結婚した本妻がいた。これには、姑《しゅうとめ》を始め、隣家の人たちも困っていた。仕方なく、同じ部屋で本妻と日本人女性が生活するようになった。やがて姑は、日本人の女性を無視、蔑視するようになった。それでも、日本人の女性は帰らなかった。そこで姑は、彼女たちの夫を他村に送り、その身を隠してしまった。それで、ようやく日本人の女性は泣きながら村を去った。そして村は平穏になった。だが私の姉などは、いまだにその姑の残酷さを話題にするほどだ。

一九四五年八月一五日は、朝鮮半島が日本の統治から解放された、記念すべき日である。この年から四年弱の期間、終戦の日が韓国では「解放記念日」とされた。その後、一九四九年一〇月の国慶日制定の時に、その「解放記念日」が「光復節」となった。

毎年八月になると、終戦記念日、韓国の解放記念日である光復節が、日本の敗戦と重なって目に浮かぶ。こうした解放記念日や三・一節には、光化門通りでパレードなどもあった。祝賀電車として日本時代のような花電車が走っていて、私はプラタナスの街路樹に登って、これらの光景を楽しんだ。この日は昌慶苑が無料開放され、数万人が集まったという。

独立を祝う花電車

戦後の米軍政による政治、国家的な激変にもかかわらず、その変化はそれほど農村までは影響せず、末端の農村は以前のように伝統的な社会だった。村人は、植民地からの解放感というものを、それほど感じなかった。ただ、無料で配給されたアメリカ産の粉末牛乳、砂糖、ドロップ（飴《あめ》）の缶に横文字のラベルが現れたりして、そこでは多少の異文化を味わうことができた。ある日、記念品の抽選があり、私は見事、ドロップ缶を当てた。丸い缶には、色とりどりのドロップの写真があった。今でも、こうしたドロップ缶を見つけると嬉しくなる。

それでも、家や村の言語生活には、戦前と同様、バケツ、ナワトビ、ホンタテ、ジャンケンポン、オクサン、マンマなど、日本語の言葉が多く使われていた。

私の中学校は、景福宮の西側に一九二一年に設立された第二中学校であり、朝鮮総督官邸からは一〇〇メートルほどの距離であった。現在の青瓦台（大統領府）の前身である景武台の正門の前を歩いて、日本時代の電車で通学し、高等学校を一九五九年に卒業した。私は、京城帝大の後身であるソウル大学を卒業したので、中学・高校以来、韓国国立民俗博物館に勤めたことも合わせると、約一〇年間、ソウルの中心部で過ごしたことになる。

国民学校の戦前と戦後

日本の植民地から解放された韓国は、どう変わったのだろうか。植民地史は突然に消えるものではない。その歴史は、日本と韓半島に今も残っている。植民地からは解放されても、心理的にはまだ解放されていないという人も多い。平素は良い関係であっても、時々その関係が難しくなると、反日感情をもって日本側に抵抗するのである。

植民地については、負の遺産としての屈服感があるが、一方で、近代化されたという肯定的な面もある。韓国人にも、日本人が「正直、親切、勤勉」であった、というイメージは残っている。それは韓国だけではなく、アジア全体に広くあるものだと思われる。

私は、終戦の翌年、京畿道・楊州にある隠県国民学校（小学校）に入学した。そこは、ほとんど日本統治時代のままだった。

私にとって、戦前の記憶は乏《とぼ》しい。ただ、八月一五日によって世相は一変したが、学校の中はそれほど変わらなかったということは覚えている。校長の官舎はそのまま韓国の校長先生が住み、物の名前も日本語のまま。村の青年たちが日本語で討論しているのも聞いた。子供に聞かせたくない話があると、わざと親が日本語を使う家庭もあった。

学校の教科書も、日本語の直訳のものが多かったし、秋の運動会も、紅白に分かれて騎馬戦などをする時には、「アカガンバレ、シロガンバレ」と日本語で応援していた。三三七拍子による応援もあった。卒業式で卒業証書をもらう様式も、「蛍の光」を歌いながら涙を流すのも、日本時代のままだった。つまり、終戦直後の教育は、戦前の様式を韓国人が入れ替わって継続して行うような状況だった。そこにはまだ、反日感情は成立していなかった。

ただ、学校で臨時に歌った愛国歌は、スコットランド民謡の「離別」をもとに、半万年の歴史、三千里、朝鮮などの歌詞を入れたものだった。それがいつのまにか、現在の愛国歌に変わっていった。後に、運動会の紅白戦は「青白戦」に変わった。共産主義国家の象徴が赤色であるし、日本的なものを消すためだと言われた。この「国民学校」を「初等学校」に変えたのは九〇年代の半《なか》ばである。

前述のように、三・一と八・一五の記念日には日本時代のように花電車が走った。昌慶苑の桜の花見には、電車の臨時駅も設けられた。このように、日本統治時代の影響はしばらく残っていた。しかし今では、桜の木は抜き去られ、松の木に植え替えられた。面白いのは、この桜の木を伐採する途中、桜は戦前にもあったという「桜は済州島が原産」説が広がり、伐採が一時中断となったことである。

韓国では基本的に、日本語の残滓や外来語などを、排撃・排除する政策をとっている。このため、ハングル浄化・純粋化運動を起こして、日本からの外来語をなくす運動を展開した。例えば「ワリバシ」や「ウドン」などの言葉をなくした。

実は、ハングルで原稿を書く時、漢字変換とは異なる、もう一つの変換がある。例えば、私が卒業した「国民学校」をハングルで打つと、自動的に「初等学校」に変換される。時代的に言えば、国民学校が事実なのであるが、システム上、初等学校にならざるを得ないのである。

反日感情の高まり

戦前戦後から現在に至るまで、反日感情は徐々に強まってきたように私は感じている。韓国は常に、戦争の歴史などの「過去」を現在に利用する。植民地の歴史を侮辱的に思う気持ちが強いため、政治や外交における韓日関係は、常にギクシャクしている。

韓国では、日本の植民地政策は世界で類のない残酷さであったということが強調されてきた。韓国の国内では、それはいくら強調しても、し過ぎるということはない。

さらに最近では、「日帝（日本）植民地」を「日帝強占期」に、言葉を替え始めている。「強占」、つまり「植民地」を「占領地」へと替えたのである。それほどまでに、「植民地」という言葉にはアレルギーがある。

しかし、「植民地」と「占領地」は、全く異なる概念である。「植民地」という言葉を忌み嫌うという気持ちは分かるが、この「強占」という言葉は、植民と占領を混同することになり、不適切である。英語では、占領は「occupation」、植民地は「colony」であり、支配と統治の体制が全く異なる概念なのである。

そもそも、それほど日本の植民地時代が嫌だというのであれば、戦後に払い下げられた、いわゆる「敵産」を放棄すべきではないだろうか。そして、日帝時代の鉄道、道路、建築物なども、破壊すべきであろう。自発的に見習ったものを含め、日本人から教育された「人格」も、全て払い落とすべきではないだろうか。つまりそれは、今の現実、実存を否定することになるのである。

ある日本人は「韓国の反日病は永遠に治らない」と言う。日韓関係が最悪の時期に作られた韓国の独立記念館では、日本統治時代の警察が行ったとされる、悲惨な拷問場面が復元され、展示されている。韓国の人々は、本当の自由・解放の思想を持った、自由人になっていない。恨みを晴らすために生きること、それは、一時的には活力を持つかもしれないが、より自由に生きるための姿勢とは言いがたい。これは、政治的には解放されても、心理的・文化的には解放されていないということを意味する。

彼らにとって日韓関係は、基本的に競争意識によって成り立っている。まるでスポーツの試合のような状況である。

日本文化は「日帝残滓」とされ、「低級倭色日本文化」は禁止された。一九九八年に金大中《キム・デジュン》大統領が日本文化を開放するまで、日本文化は長いあいだ軽視され、禁止された。そして、日本文化を肯定的に紹介する人たちを「親日派」と指弾する政策や、社会的な雰囲気があった。

三八度線と休戦線

第二次世界大戦の終戦によって、朝鮮半島はポツダム宣言により南北に分断された。その三八度線は直線であった（三三ページの地図を参照）。この直線は、一九四五年から一九五〇年まで存続した。一九五〇年に朝鮮戦争が勃発するまでは、三八度線はそれほど実感のないものであった。軍隊は駐屯していても、それほど緊張感はなかった。子供たちが三八度線付近の軍隊のところに遊びに行くこともできた。

私はこの三八度線付近で生まれた。私にとって、この線は運命の線であった。日本のテレビなどで、この三八度線と休戦線（軍事境界線）を区別せず、混同して話しているのを聞くと、本当に嫌になる。

日本では、この二つを混同する人が多く、辞書でも同義語であると説明されている。だが、三八度線と南北軍事境界線は、はっきり違う。私は、三八度線と休戦線の違いを、知識ではなく、経験的に区別している。それは私が朝鮮戦争を体験した者だからである。

繰り返すように、一九五〇年に朝鮮戦争が勃発するまでは、三八度線はそれほど実感がないものだった。韓国と北朝鮮の緊張関係も、それほど感じなかった。三八度線に流れる漢灘江や臨津江（イムジン河）は、子供の時から親しみのある、なじみの深い川である。前述のように、子供の時には三八度線付近の軍隊のところに遊びに行ったこともある。したがって三八度線は、国境という意識ではなく、臨時の分離線のように思われていた。しかし、朝鮮戦争によってできた休戦線では、南北は深刻な敵対関係となった。

私の生まれ故郷は、中部地域の三八度線から南に近いところであり、朝鮮戦争以前まで村人は、例えば冠婚葬祭などの必要があれば三八度線を越えて往来することができた。村人が親族訪問などで三八度線を往来することも、それほど特殊なことではなかったのである。

私の父は、北朝鮮と韓国の境界である三八度線を往来しながら、牛を売買する商売をしていた。主に元山まで、大半は徒歩で歩いていって牛を買ってきて、家で数日間、鼻輪や首輪などを付けてから、歯を見て年齢や健康状況をチェックして、それをソウルへ送る。こうして、いとこたちと一緒に牛を連れて歩くのが仕事であり、商売は繁盛していた。

一九四九年のある日、夜の暗闇を利用して三八度線を越えて避難して来た人たちがいた。父のいとこ家族である。この、三世帯の全家族七人が、三八度線以北の全谷というところから避難してきて、しばらく私の家に泊まった後に、隣の家に住むことになった。

戸籍に名前のない母

私は戦前に生まれた。それは確かである。しかし実は、生年月日は確かではない。古い戸籍によれば、私の父は一八九九年の生まれ、母は一八九八年の生まれで、父が母より一歳下である。二人は当時のしきたりによって、一〇歳という年齢で結婚した。

私の父親は、戸籍上の名前は「泰福」であるが、普通は「春園」と呼ばれていた。泰福は呼び名ではなく、記録用のものである。だから私は、父が春園と呼ばれるのを聞いたことはあっても、泰福と呼ばれるのは一度も聞いたことがない。しかも、春園と呼ばれることも、めったにない。私は一度だけ、父親の友人から私に向かって「この子が春園の子だ」と言うのを聞いただけである。子供や近い親族がやむを得ず名前を言うときは、「太の字と福の字」と言うのが礼儀である。

もう一つ、族譜（系図）上の名前があるが、有名な人は別号を作った。だが、私の父のように一般の商人でも別号を使っていたということは、すでに一般的に定着していたのだろう。これは、中国の名前の忌諱《きい》が輸入されて以降、戸籍上の名前、字《あざな》、別号、族譜上の名前などを持つようになったものである。しかし韓国の場合、名前を持つことが、その名で呼ばれることを意味するわけではない。

私の母親には、名前がなかった。だが、不便ではなかった。名前はないが、その代わりに親族名称などが発達していたからである。母が亡くなって初めて、死亡届けを出すために戸籍謄

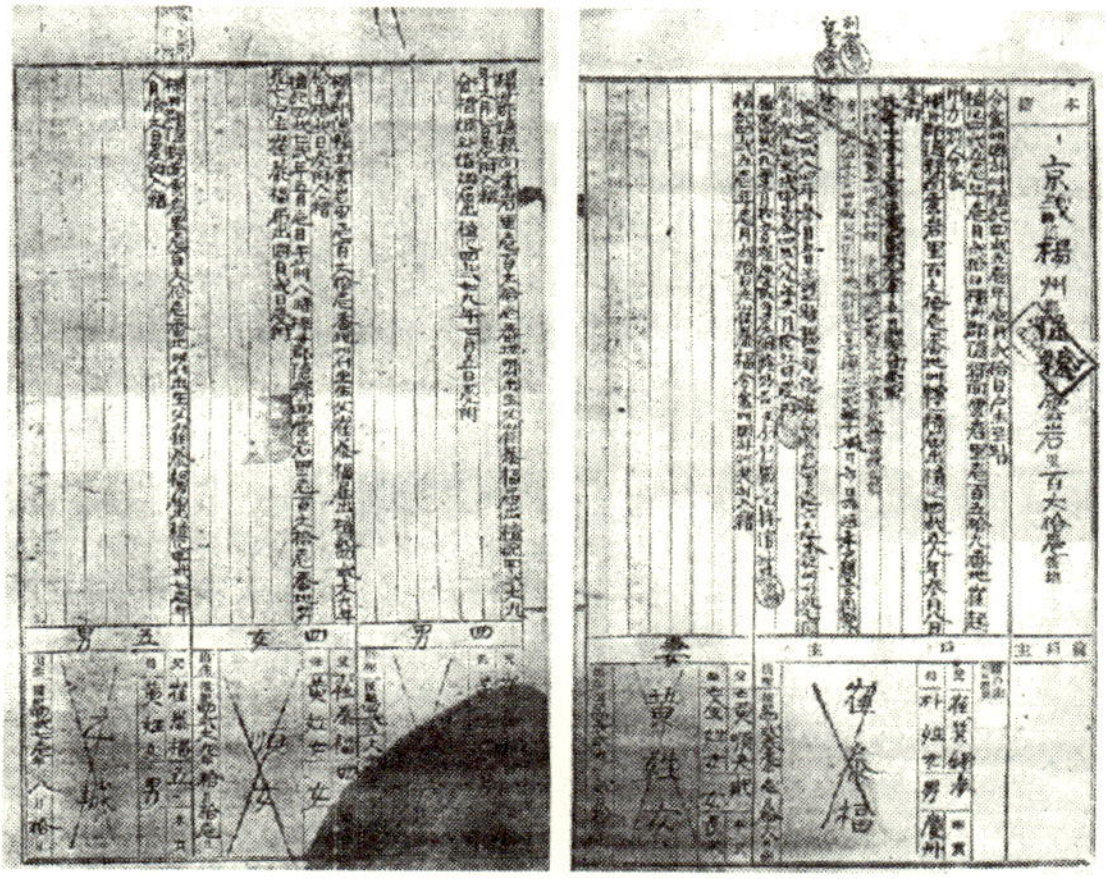
著者と家族の戸籍

本を見たが、そこには、名字の「黄氏」とだけ書いてあった。普通は「本貫」というものがあるはずなのに、それもなく、位牌には必ず書くべきなのだがそれもできず、黄氏の本貫として多い「平海」を借りて使うことになった。

母は一生のあいだ、一度も名前を呼ばれることはなかった。それは、その必要性もなかったということを意味する。夫婦は互いに名前を呼ばないし、結婚した女性には、実家の地名に宅を付けて作った呼び名の宅號（宅号）がある（例えば「ソウル宅」など）。これに対し、「主婦の重要性を示しているのだ」という見解もあるが、なぜ女性の名前が存在しなくとも、また呼ばなくともよかったかについては、やはり多少の疑問を持たざるを得ない。

文化人類学者のラドクリフ・ブラウンによれば、彼が調査したインド洋に浮かぶ島、アンダマン島の島民にとって個人的な名前は、社会的人格の、すなわち個々人が社会構造や社会生活の中で占めている地位の、一つのシンボルであるという。この意味からすれば、韓国の女性は社会的な地位を得ていない、と言えるのではないだろうか。

母の死後に位牌を書く時になって初めて、彼女に名前がなかったこと、女性の名前に関する因習というものに気が付き、私は認識を新たにした。だが、それまでの日常生活では名前がなくても不便でなかったということは、名前を呼ぶ必要性がなかったことを意味している。私の親の世代では、私の母のように名前を持たない女性も、めずらしくはなかったのである。そして、たとえ名前を持っていたとしても、呼称として使われることは少なかった。

父は三人兄弟の次男で、他の兄弟が子供たちを残して早くに亡くなったので、兄の三人の男の子と、弟の男女二人の子供を養育した。こうした多くの「いとこ」たちと、私は親しく子供時代を過ごした。父は教育を受けられなかったが、独学でハングルはもちろん漢字を読み書きし、ソロバンもできた。父は商売をして比較的、豊かに暮らし、多くの子供たちを養育し、物心両面から支援していた。

私が生まれる前に亡くなった四人の兄の死亡届が出されていないため、私は五男で、檀紀四二七一年（西暦一九三八年）の六月一七日（旧暦）、戸籍には八月一〇日に生まれたと記されている。

戸籍では名前が「乙城」となっており、小学校に入ってからは乙城と呼ばれた。この戸籍は戦災で焼失し、新しく作られた戸籍では、私は一九四〇年に生まれたことになった。しかし後に原籍が見つかったようで、二つが混載されたものがある。

こうした戸籍は、なかなかに不正確で、生存者の姉には死亡と書かれ、他の亡くなった姉には婚姻届けが記され、母は亡くなって数十年が過ぎても死亡届が出ていない。私が生まれる前に、いとこが養子となっていたが、その理由が記されないまま実子になっていたり、その他にも名前や誕生日が誤記されていたりする。

私の苗字は、最初の戸籍上では「崔」になっていて、その文字の右上に「山本乙城」と書いてあったのを見た覚えがある。この「山本」は創氏である。創氏改名は一九三九年に成立した。また、名前が「乙城」になったのは、登録時の間違いだと聞いたことがある。甲乙の順によると、乙の字は次男の意味になる。おそらく、頼まれた人が名前を忘れて、その場で推測して届けたのだろうと思われる。

自分の戸籍上の名前が乙城であることは、国民学校に入ってから知った。学校では戸籍名によって登録されたので、この乙城で四年生まで通した。だから今でも、当時の同窓生のあいだでは、乙城と呼ばれている。ただ、家ではずっと、養子の兄の名前が「慶成」、私は「吉成」という名前で呼ばれていた。

ソウルへ転学の後は、戸籍上の乙城でなく、自己申告による吉成という名前で、中学校へも進学した。そして、中学校二〜三年の時だと思うが、面事務所（面は韓国の行政区分の一つ。村役場のようなもの）から通知が来た。それは、故郷の本籍の戸籍が戦争で焼けてしまい、新しく作るので申告せよということだった。

私は良い機会だと思い、一新して名前を作ることを決心した。乙城でも吉成でもなく、「吉城」として届けることにしたのである。吉成の場合は、吉の字はそのままでいいが、成の字が親族の序列（世代）を意味しているのが気に入らなかったし、私は当時、文学好きの中学生だったので、有名な作家のペンネーム「朴花城」をモデルに、「成」と発音の同じ「城」を使って、「吉城」とした。私は、なかなかしゃれた名前だと思って届けた。

しかしその後、門中（血族）と親族で問題になった。それは、成の字は親族の序列を表すものであり、族譜に載せるときにも困るということで、門中の代表者である宗孫（当主）から連絡が来たのである。さらに、母親が占い師に名前を占ってもらったところ、「いちばん悪い、死ぬ運である」と言われてしまい、変えるように言われた。

それでも私は固守することにした。もう修正が裁判によらなければならないという点、また母には、人はみな死ぬ運命であるから大丈夫だと説得した。その後も、占い師から名前を変えるようにと言われたことが数回あった。しかし、むしろこのように運勢の悪い名前を付ける人がほかにいないから、電話帳などにも同名異人がなく、これで良しとした。

崔吉城を発音する時、日本では、韓国式の発音である「チェ・キルソン」と、日本式の「サイ・キチジョウ」がある。同じ崔という在日の方に、サイではなく韓国語の発音のままか、それに近い発音のチェにしてほしいと主張する人がいて、話題になったことがある。

彼は、日本人が外国人の名前を日本式で呼ぶのは民族差別だという理由で、韓国式で呼ぶことを主張したのであるが、しかしそれは、日本人と民族感情をめぐって戦うような場合は別として、あまり合理的とは言えない。だが、この一件以来、日本人の中で、こうしたことを気にする人も多くなったようである。

一方の韓国では、中国人の名前を韓国式で呼ぶのが一般的である。毛沢東も、韓国式の発音によってモタクドンと呼んでいる。これは、日本語や中国語でもない、韓国の漢字音によるものである。日本の固有名詞である東京も、一般的にはトンギョンと呼んでいる。しかし、こうした発音の問題は、差別うんぬんというよりも、名前や呼称は個人や国家、あるいは民族のアイデンティティと強く関わるから、注目されているのだと言えるだろう。

そもそも韓国では、名前があるからといって、必ずしも使われるわけではない。目上の人の名前を簡単に書いたり呼んだりしないし、特に、目上の人の名前を赤色で書いたりはしない。しかしこれは、男性に限られたものである。女性には「字《あざな》」は作らず、族譜にも載せていない。族譜には、男性は始祖以外は子として名前が載るが、女性の場合は配偶者のフルネームが載り、姓が異なるものが目立つ。こうした族譜、戸籍などには、韓国では社会的な意味がある。

私の非常に恥ずかしい思い出だが話したい。研究のための現地調査で、シャーマンの戸籍を多く見ることになるのだが、その際に、よく驚かされることがあった。例えば、全羅南道の長興に一〇〇歳以上の高齢者のシャーマンがいて、盧泰愚大統領から新年のお祝いにジャンパーをもらったという話を聞いた。そこで、彼女の誕生日を調べるために面事務所を訪ねた時、面長がしきりに謝った。実は、本妻が亡くなっても死亡届を出すことができず、二号さんがそのまま前妻の名前で生きている、というのである。

また、慶尚道のシャーマンの戸籍には九人の子が記載されているが、多くの娘の誕生日が間違って記されている。そのわけは、本妻と二号さんの娘を一緒に戸籍に載せる時、その年齢差を意識して調整した、ということであった。そもそも出生届けは都合によって勝手に出すので、実の誕生日とはあまり関係しない。こうしたことから、私は現地調査をする時にも、戸籍や族譜など、見るには見るが、それを重要な資料としては扱わず、ただ参考にするのみである。「女は出嫁の後、代名呼称をもって呼ばれ、名を呼ばるることなき」と言われるように、韓国の女性と名前の関係は特殊である。族譜には「女」と記され、夫の姓名を記載する。出嫁の後は、夫の次に配偶者何氏と記す。

これは、基本的に女性は「内部」の者であるので、家の中で区別すればよいということである。さらには、外からよその女性を認識する必要がないということ、あるいは意識してはならないということを意味する。特に、貞操観が強く強調された李朝時代には、子供の幼名として呼んだり、あるいは誰それ（男）の娘とか妻としたことから、性が強く意識された意識構造がかいま見えるのである。

さらに、女性が呼称上、成長しないということは、個人化しないということを意味する。要するに、個人あるいは未婚女性として意識されないようになっているわけである。しかし、芸者などは個人名を持っている。それは、「外の」男性社会から性を意識される存在だった、ということを意味する。つまり、こういった、女性の名前をめぐる問題は、伝統的な家族制度における家父長制の意識を反映するものなのである。

現在のように、韓国女性の姓名を記載するようになったのは、開化以後のことになる。また、最近になって、女性の名前に「子」が付いているのは、創氏改名の悪夢として残っているのだ、などと言われるようになったが、実は創氏改名より以前からの、日本の影響によるものである。だから、かなり早くから、松子というような日本式の名前はあった。

女性の名前の末字に「子」と付けるのは戦前には一般的だったし、今でもそのように名付ける人も多い。全斗煥《チョン・ドファン》大統領夫人の名前が李順子《イ・スンジャ》であり、有名歌手の李美子《イ・ミジャ》も日本式と言える。また、日本で活躍する演歌歌手のキム・ヨンジャも、漢字表記は金蓮子である。

第二章　朝鮮戦争と米軍慰安婦

私の見た朝鮮戦争

一九五〇年に起きた朝鮮戦争の当時、私は一〇歳であった。この戦争を通して私は、韓国の国軍以外に、北朝鮮の人民軍、中国の支援軍、米国を中心とした国連軍について体験的に知っている。その時期は、以下の三つに大別することができる。

北朝鮮軍の四か月（一九五〇年六月～九月）
中国支援軍の三か月（一九五一年一月～三月）
国連軍の三か月（一九五一年三月～五月）

この戦争については、何度も繰り返し思い出し、私自身が証言者や語り部になって、時には

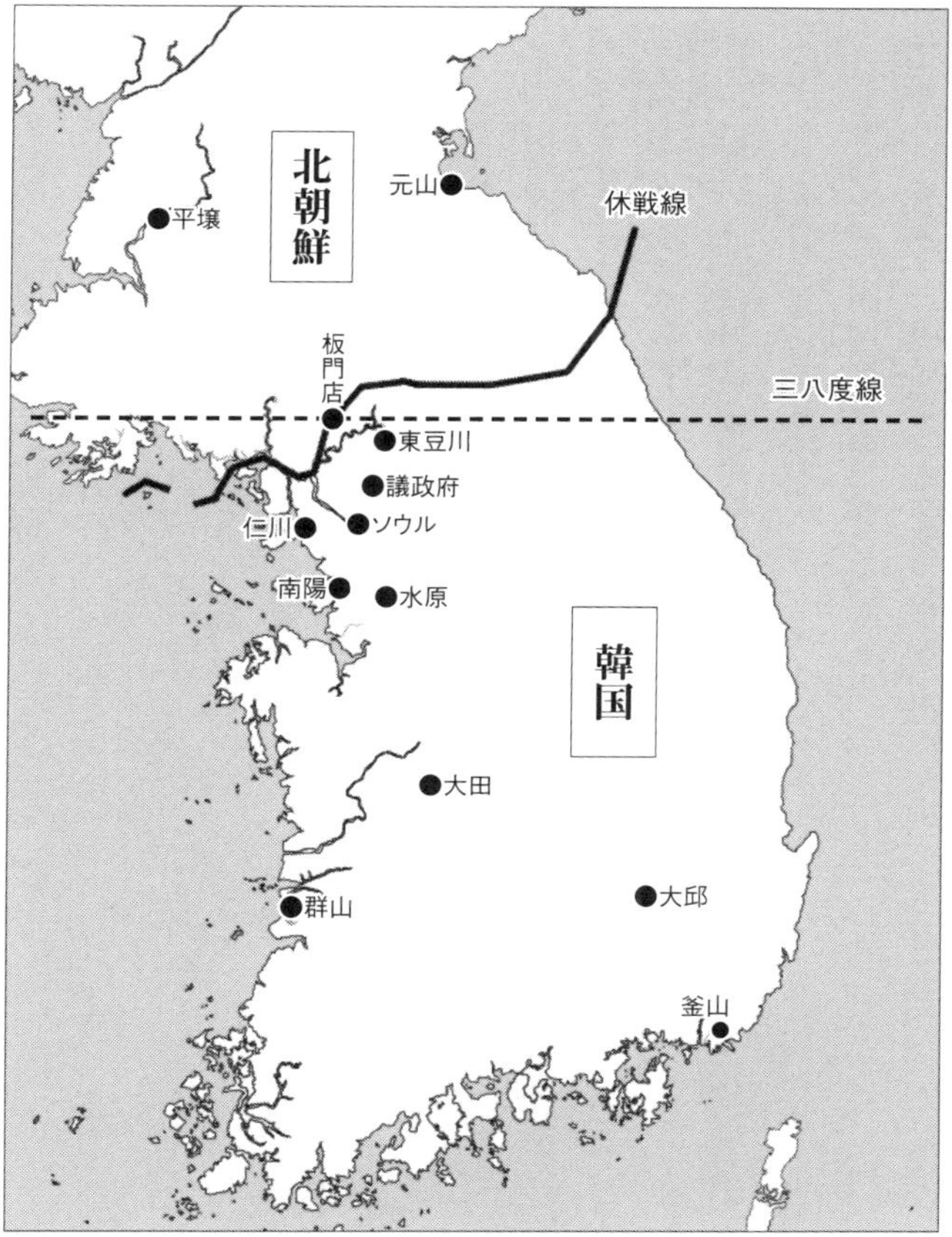
北朝鮮
元山
平壌
休戦線
板門店
三八度線
東豆川
議政府
ソウル
仁川
南陽
水原
韓国
大田
群山
大邱
釜山

面白おかしく、時には悲惨な表情で語ってきた。その際には、真実からずれてしまわないようにと、自《みずか》ら戒《いまし》めながら、戦争をめぐる平和観などを語った。

以下は、朝鮮戦争に関する略年表である。

1950年6月25日　北朝鮮人民軍による南侵開始
6月25日〜26日　議政府での戦闘
6月27日〜7月16日　水原に臨時首都を置く
6月28日〜7月3日　漢江で戦闘
7月8日　大邱に臨時首都
8月18日　釜山に臨時首都
9月15日　国連軍が仁川に上陸
9月28日　国連軍がソウルを奪還
10月1日　韓国軍と国連軍が三八度線を突破
10月25日　中国軍が参戦
11月5日　中国軍が国連軍と交戦
12月26日　中国軍が三八度線を越えて南へ
1951年1月4日　中国軍と北朝鮮軍がソウルを占領（1・4後退）

2月10日　国連軍が仁川を奪還
3月14日　国連軍がソウルを奪還
3月24日　国連軍が三八度線を突破

戦争勃発

一九五〇年六月二五日、日曜日の朝、私は母に起こされた。その日は、三八度線付近の軍人の行進か何かを見に行く予定だった。母に起こされて朝飯を食べていると、空を裂くような爆音が聞こえてきた。この断続的に続く音にビックリして、私は思わず母の顔を見た。爆音はしばらく続いた。後になって、三八度線以北から南へ向かって鉄砲の弾が飛んだのだと分かった。さらに遠くからは、車の走る音と、人々の叫び声のような騒音が聞こえた。これが、開城を占領しソウルに至る道路を確保するための行動だったことを、後に知った。

一九五〇年六月二五日、戦争は「夜明けとともに種々の攻撃地域への激しい砲撃をともなって始まった」と、米軍のリッジウェイ将軍はその著書に記している（『朝鮮戦争』恒文社、一九七七年）。一つの戦線は、東豆川への第五戦車旅団の進攻だった。北朝鮮軍の第一師団と第四師団が汶山と東豆川を占領した。三八度線から、早朝四時半に朝鮮戦争が始まった。朝鮮人民軍は主に戦車と鉄砲をもって侵入した。大砲の弾が、北から爆音を響かせながら上空を飛んだ。一九五三年七月二七日に休戦となるまで三年間、戦争は続いた。

その戦争が、北の南侵だったのか、南の北進だったのか、いまだに議論があるが、私は最初から「北の南侵」と確信していた。我が村では朝食の時間だったので、戦争が始まって三～四時間後ということになる。

父は「避難」しなければならないと言った。父は当時五一歳だった。当時の五〇代は、老人のカテゴリーに入っていた。だから父は老人として家に残り、姉と私だけを避難させ、自分は状況を見て後から行動すると言い、母と一緒に家に残った。

姉と私は、ソウルの親族の家に向かって出発した。ソウルまでは四〇キロという距離である。その距離を、避難民の群れと一緒に歩いた。この時「避難」という言葉が父から自然に出たが、私には不思議な言葉として聞こえた。

故郷の村とソウルとのあいだには、地方都市である議政府があり、その近くに道峰山という山がある。この山のふもとで野宿した。砲声は間欠的に遠くから聞こえるが、敵からは遠ざかっているという感覚があった。野宿では山猫らしき野生動物が怖かったが、それより怖いのは、砲弾の爆音だった。

ソウル清涼里の叔父の家には翌日に着いた。私たちが到着してみると、すでに田舎から避難してきた親族たちで満杯だった。翌日には私の母も到着した。その母から、戦況は深刻であるということを知らされた。苦戦場と言われた私の生まれ故郷は、大きな被害を受けたという。母は、父からもらったお金を腹巻（銭帯）に入れていた。

ソウルの叔父は日本統治時代から警察に勤め、戦後も続けて警官をしており、我が親族では最も出世した人物とされていた。叔父は、退勤して帰宅してみると田舎から親族が一杯集まっていたので、嫌な顔をした。

皆が口を揃えて、三八度線付近で戦争が始まったから避難してきているのだと説明しても、叔父は全く信じず、皆に、一晩泊まったら明朝には帰ってくれと言った。ここソウルでは戦争が始まったという情報は全くなく、皆は半信半疑ながらも、とりあえず戦争ではなかったんだと安心し、不安から解放された気分になった。皆、警察には正確な情報があるだろうと信じていたからである。だが本当は、警察や政府は何も情報を持っておらず、ただ楽観的な報道のみを聞いていたのである。

その晩、ソウルでもまた、夜中に砲声が闇の空を裂いた。朝になり、やっぱり避難しようとした時には、すでに叔父の家族はいなくなっていた。親族への思いやりというものがない、冷たい人間だと思った。そのようなことを気にしている暇はなかったのだが、戦況の大変さを不安に思いながら、あるじのいない家に、私たち避難民だけが留まっていた。

砲声はどんどん激しくなった。いつ、その砲弾に当たるかもしれない。その家は朝鮮の伝統的な家屋であったので、私たちは板の間の下にもぐって布団《ふとん》をかぶっていた。綿は砲弾を防ぐ、という言葉を信じていたからである。そうこうするうち、留まっていた人たちも、いつのまにかどんどんと、よそへ避難していった。

六月二八日の深夜一時ごろ、北朝鮮軍の戦車が市内に突入し、漢江橋が爆破されたという。ソウル市内、特に漢江北岸は避難民や兵士によって大混乱におちいっており、道路の通行は極めて困難だった。この日の午前二時二〇分ごろ、約四〇〇〇名の避難民が漢江にかかる人道橋を渡っていたところ、この人道橋に続いて三本の鉄道鉄橋が爆破された。これによって、五〇〇〜八〇〇名と推定される避難民が犠牲となった。

私たちは結局、最後に、いとこ夫婦と一緒に歩き始め、その漢江の岸辺に着いた。空中では数機のソビエト機が米軍機に撃たれ、黒い煙を出しながら落ちるのを目撃した。それは、私にとっては面白い出来事だった。一緒に避難することとなったいとこ夫婦には、感謝と申し訳ない気持ちを強く持った。そうこうするうち漢江の岸辺に着いたものの、橋は韓国側が爆破したので渡れない。しかたなく、ヤミ商売の渡り小船を、高い運賃を払ってチャーターして渡った。川を渡ってみると、別の渡り船が転覆したらしく、一人の中年男性が溺れながらようやく川からはい上がってきて、ずぶ濡れのまま慟哭していた。妻と子供は川に流されたという。だが、かわいそうだと思うだけで、我々はそのまま通り過ぎた。人のことにはかまっていられず、早足で先に進んだ。この話に関しては、私自身の記憶は乏しく、のちに姉が語ってくれたものである。姉はいまだにその時の場面を思い出し、かわいそうだったと述懐する。

その晩は、真っ暗で道も分からず、ソウルの江南にあるネギ畑の中を走った。大人数で走るので、ネギが破れるパンパンという音が激しかった。その音は、今でも耳に生々しく残っている。今この地域は、ソウルの高級ファッション街になってしまったが、このあたりの地名を聞くたびに、ネギが破れる音が聞こえるような気がして、私は昔を思い出す。ネギがある高足小屋で群れになって休んでいた時には、サーチライトに体を照らされて悲鳴を上げる人もいた。

途中から一緒になった親族たちも、だんだん私たちから離れていった。母の持っているお金がなくなるにしたがって、離れていったのである。こうした親族には、裏切られた気持ちだった。

お金がなくなると、同行してくれるいとこ夫婦にも、逆にお世話にならなければならない。いくら父が面倒を見てあげたとはいえ、お金のない私たちを負担と感ずるのは当然であろう。でも、いとこ夫婦は、最後まで一緒

戦場となったソウル市内

にいて面倒を見てくれた。母が父からもらってきたお金もなくなり、私たちは乞食《こじき》のようにして歩いた。だが、この「避難」は、私にとっては「旅」でもあった。私は、自分の全く知らない世界というものの存在を実感していた。

京畿道・水原の近くにある列車の踏切のところで、軍の車が歩いていた新婚さんを拉致していったという、悲惨な話を聞いた。こうしたたくさんの悲惨な状況は、単に聞き流されていった。だが、この場面以外には、私たちが実際に戦争を実感するようなことはなかった。

ヒジキの思い出

私たちは四〇日間、一緒に避難生活を続けた。そのうち、水原の西にある南陽では、避難生活を一か月以上した。そこでは戦争は感じられず、軍人は一人も見たことがなかった。当時の戦争では、大通りを使って進軍と後退をしたようである。

この南陽では、主にいとこの夫婦が働いて、生活をした。まだ一〇歳の私は無力だった。だが、母や姉もそうだった。主に、いとこの奥さんが、農家の手伝いなどをして働いた。いとこは海岸でシジミやカニを獲って、売りに歩いた。

このころは、ナムンジェという、海藻のヒジキが主なおかずだった。日本に来てスーパーでヒジキを見た時、私は驚き、同時に強い抵抗感もあった。私の最も貧しい時代の食べものが、日本では一般的な、しかも健康食品であるということで、思わぬ反感を持ったのである。ヒジキの味がうんぬんではない。このナムンジェ（ヒジキ）で延命できたのは感謝ではあるが、それと同時に、非常に不快な記憶でもあるのだ。

私たちは南へ南へと避難したが、一度も北朝鮮兵を見ることはなかった。実は、避難とはいっても、自分たちよりはるか南を猛スピードで進撃する北朝鮮軍の後を追うような、奇妙な形の避難だったからである。

故郷への帰路

自宅を出てから四〇日が経過した八月初旬、すでに北朝鮮の人民軍は南へ侵入しており、戦局は変わることがなく、避難は無用であるという話を聞いて、我々は帰宅を決めた。帰路では、戦争への不安感よりも、父が無事であるかどうかが心配だった。まずソウルまで戻り、そこからさらに歩いた。ソウルから北へ行く大通りには、車が全くない。戦車や軍人に会うこともなかった。

途中、例のソウルの叔父の家に寄ってみたが、空き家だった。ソウルから北へ行く途中、道端に一〇人ほどの悪臭のする死体が放置されているのを目撃した。死体の近くを通り過ぎる時は、蝿の群れが飛び上がる音がした。かわいそうだとか怖いとかということもあまり感じず、とにかく臭くて嫌だった。大きな町だった議政府は、一軒の建物も残さず焼けていた。

帰路の夜道は真っ暗で、道も分からぬまま、ただ歩いた。ようやく家の近くまで来た時、我が家の犬が吠えた。胸がドキドキした。父は家にいた。涙と歓声で、その夜は村じゅうの人たちから父へのお祝いの言葉があり、宴会が行われた。

避難した村人は先に帰ってきており、比較的平和に暮らしていた。途中で私たちから離れていった親族も、すでに帰ってきていた。父は、もしかしたら家族はみんな死んだのではないかと思いながら、村で待ち続けていたという。私は、この時期が一生で一番の、恐怖との戦いではなかったかと思う。そして、過保護に育てられた自分は、いかに無力であるかと反省した。比較的、豊かに過ごした子供時代とは違って、節約精神を持つようになったのである。

村の共産主義者

時は金日成《キム・イルソン》将軍の時代であった。北朝鮮の支配下になっても、村にはそれほど急激な変化はなかった。ただ、田園風景は変わらなかったが、政治的には変化があった。韓国警察の派出所は朝鮮人民軍によって管理され、面事務所は内務所というものになった。村の人たちを動員して、こうした役場で仕事をさせようとしたが、村民は非協力的だった。父は商売がうまくいかなくなり、慣れない農作業を始めたが、それでも稲作は順調だった。秋になると、村の前の田んぼや畑には、農作物が相変わらず豊かに実っていった。

やがて、その収穫の予想を役所に報告させせられるようになり、行政官が直接現れて、計算方法を指導した。一株の稲の粒を計算して、そこから広さで全体の生産量を計算して、報告をするという。そんな中でも、村では平穏な状況が続いた。

そのころ、私たち子供に時々、歌や演劇などを指導してくれる大学生がいた。彼は、我が家から一〇〇メートルくらい離れた家の次男で、ソウルの大学に通う共産主義者だった。彼がどこの大学の学生だったかは覚えていない。いつも彼は大学の四角い校帽（角帽）をかぶっていたが、その帽子は日本統治時代から、村人たちの憧れのまとだった。

この大学生と、ある女性との「恋愛」は、村の歴史上、初めての出来事だった。しかし、相手が共産主義者であり、その件について文句を言える人はいなかった。村人にとって異常なことであっても、「偉い共産主義者さま」へ文句を言う人はいなかったのである。男女二人だけが歩き、恋愛するという状況に奇異の目が向けられた。当時、村内婚はあり得なかった。伝統的に、村の外の人と見合い結婚をするのが普通だったのである。したがって恋愛などということも当然なく、二人の村内での恋愛関係は、村人にとって戦争よりも大きな出来事だった。それほど、その恋愛は村にとっては異質なことだったのである。

この女性は、私の又いとこである。大学生の彼は、彼女と私にソウル市内を案内してくれた。和信百貨店に行ったことや、鐘路の鐘閣を見たことなどを覚えている。東洋劇場で無声映画を見た時には、弁士の解説を聞くのが楽しかった。私にとって、今でも良い思い出として残っている。ちなみに韓国人は、現在でも、こうして子供の時に旅行をさせる傾向がある。

恋人が共産主義者であるため、彼女は共産主義行政に協力せざるを得なくなった。このため彼女は例の内務所で働くことになり、内務所員として、稲や粟の収穫量を調査することになった。しかし相手の男性が活躍する舞台は、我が村のような小さいところではなかったらしく、やがて彼は恋人を捨て、村を出て行った。

人民軍に虐殺された一家

私は、戦争中には農民が一番自由であり、強いと思った。軍人は怖い存在だったが、農家に食べものを求めてくる時は、乞食のような存在だった。特に中共軍が農家に食べものを求めてくる時は断りにくく、村人も同情するような態度をとった。戦争が終わったあとで傷痍軍人が物乞いに来た時と同じような態度である。物資の豊かなアメリカ軍は例外なのである。

人民軍がやって来たその晩か次の晩に、我が家から二キロほど離れた村で、家族八人と一頭の牛も含めた家族全員が、刀で残虐に殺された。その家の息子の某氏が韓国軍の将校だから、というのが理由だという。その家族は、我が家の近所の家の奥さんの実家だったが、非常事態ということもあり、村人たちは弔問もできなかった。

彼女は実家に行って、虐殺された家族の死体を掘り出して葬式をした。人民軍は親の前で子供を刺し殺し、その親も殺されたと言っていた。その話は村じゅうに広がったが、その状況で実行犯を非難できる人は、誰もいなかった。その、韓国軍の将校である息子の某氏と我が家は姻族関係でもあった。彼は後に除隊し、面長（村長）を務めた。私は、後述する陸軍士官学校の教官をしていたころに、母の願いで彼に会って話をしたことがある。

人民軍の退却

九月中旬のある夜、いつもと同じように我が家の板の間では、父方の親族のお婆さんと青豆の皮をむきながら、政治の話が交わされていた。その時、遠く雷鳴のような音が聞こえた。音に敏感な父が外に出てソウルの方向の空を見上げた。その音と同時に、ソウル方面の空が曙《あけぼの》のような明るさを見せた。暴風前夜のように村はまだ静かだったが、父はこれを異常な現象とキャッチした。

朝鮮戦争が勃発してからの三か月は、村も平和な状況を取り戻しつつあったが、やはり不安もあった。毎晩のように、我が家の板の間では、政治をめぐる議論が交わされた。そこでは、李承晩《イ・スンマン》大統領の民主主義か、金日成将軍の共産主義か、どちらが良いのかといった話題が出た。民主主義と共産主義の違いもよく分からない状況でありながら、李承晩か金日成か、どちらがどうなるのか、が争点となった。

李大統領がまた反撃して、こちらが「解放」されるのではないかという話も出ていたが、実際に村は、北朝鮮の支配から解放された。すると村は、自然に李承晩大統領の民主主義体制へと移行した。とはいえ、農民たちに、それほど政治的な影響はなかった。

結局、村は再び「民主主義」となり、北朝鮮の人民軍が、北に向けて敗戦兵のように歩いて行った。その姿は、まさに「敗戦兵」だった。ある時、我が家に三名の人民軍が入ってきて、父に砲弾を運んでくれないかと言いながら食事を要求した。そのため、母が急いで応じて接待した。食事のあと、彼らは急いで北へ行き、父の身柄は無事だった。

再び韓国側となった時代

前述のように父がソウル方面の異状を察知した九月一五日は、かの有名な仁川上陸作戦だったことを後に知った。このマッカーサーの作戦によって、その日の未明、仁川港に最初の作戦用船舶を誘導するための灯台に点火して、国連軍が上陸したのである。そして、九月二八日にはソウルが奪還された。国連軍は一〇月一日に三八度線を越え、そのまま北へ進攻し、一〇月一七日に咸鏡道・興南を占領した。

国連軍は主要な国道に沿って、そのまま北へ進攻し、その際に私の村も解放されたはずだが、村で韓国軍の姿を見ることはなかった。私たちは何も知らされず、北朝鮮の支配から解放されたらしいという情報だけが入った。村では何も起こらず、何も変わらず、ごく自然に李承晩大統領の民主主義時代に変わった。派出所も面事務所も、韓国側の運営に戻った。

米軍が移動した後、村には韓国軍がやってきた。国連軍と交代した韓国軍も、ひどいことをやった。韓国軍は、我々の村が一時的であるにせよ北朝鮮の支配下にあったということで、北朝鮮への協力者の摘発を始めたのである。三八度線近くの村には、北朝鮮に連れて行かれた人、

国連軍による仁川上陸作戦

自分で行った人がたくさんいるので、なにかスパイ事件があると、それを理由にまた暴行される者が出るんじゃないかと、いつも疑心暗鬼になっていた。

村では二人の青年と一人の少女が行方不明になったりして、村人の不安はだんだんと高まっていった。北朝鮮時代の内務所や警察署に勤務していた人や、逃げ遅れた軍人たちは、行き場を失って山に隠れた。そうして山に隠れていた人民軍の「武装共匪」が、夜に山から下りてきては韓国側の派出所を襲撃するという事件も起こった。同じく朝鮮戦争の時に智異山などを拠点にして暴動を起こした「共匪」は、文学や映画の素材にもなった。このころは、さすがに「農民でも安全ではない」と言われており、不安な日が続いた。

時間が経つにつれ村には、どんどん不安が広がっていった。村の青年たちが何人も越北し、そういう家族を出した家々は、彼らがスパイとして戻ってくるかもしれないという恐怖を感じていた。前述した、人民軍に八人の家族を虐殺された韓国軍の将校も帰宅した。彼は激怒し、村では共産主義に協力した人たちを罰するかどうかが問題になった。

韓国軍は村の中で、北朝鮮に協力した人を捕まえ、殺していた。私は氷の上でソリに乗って遊びながら、彼らが人を殺す場面を目撃した。その時の私は、人が殺される場面を見ても、それほど驚かなかった。一人がシャベルを持って人を縛って歩かせて、土器を作るために土を掘った穴の横で後ろから銃殺して、死体を穴に入れて彼らが帰るまで、私はそのままずっとソリで遊んでいた。私は、人殺しの場面を平気で見ていたのである。その冬が終わるまで、このような復讐的な銃殺は続いた。

そんな中、例の共産主義者の大学生の家が問題となった。彼の家に残された両親と兄の処遇である。村人は数回集まって、彼らを罰するか否《いな》かについて延々と議論した。その家が共産主義者に協力したことは間違いないが、銃殺にするか、どうすべきか。その激論の末に、村人たちは、彼らを罰することはできないという結論を出した。村人の純粋な良心だった。

また、大学生と恋愛した前述の女性（私の又いとこ）も罰されることになったものの、こちらも親族や村で処罰することで済ませようとした。そして、その夜の討論のさなかに、彼女のいとこが洗濯棒を持って彼女の家に走っていき、頭を殴って血を流すということがあった。

しかし、それで終わらせることはできなかった。恋愛のことはさておき、彼女が北朝鮮の内務所の仕事をやっていたこともあり、彼女は思想的な犯罪者だということで、韓国軍に連れていかれてしまった。彼女は韓国軍の訊問を受け、一〇日以上も韓国軍の部隊に留め置かれ、不特定多数による、めちゃくちゃな性暴行を受けたという。家族の話では、殺されなかっただけまし、ということだったが、本当にかわいそうだった。そのために、未婚の処女だったのに、子供の産めない体になってしまった。

その後、彼女はソウルに行き、養女をとって一人で育て上げたが、不幸のどん底のような状態で、隠れるように暮らしたと聞いている。

彼女は長いあいだ、故郷を訪ねることはしなかったが、しばらくしてからまた、時おり村を訪ねてくるようになった。誰も、心痛む戦争時代のことに触れる人はいなかった。お互い戦争で傷ついたことは多く、恥ずかしいことも多かったことから、寛容の精神のようなものが身についたのだろうと思われる。

中共軍に占拠された村

寒い冬になった。中国の支援軍（中共軍）の参戦によって、一九五〇年一二月五日、中朝軍が平壌を取り戻した。その後、国連軍が後退し、中朝軍はさらにソウルを奪還した。これが一九五一年「一月四日後退（一・四後退）」の日である。だが、我が村に中共軍が現れたのは、それより数日早く、一九五〇年一二月三一日だったと思われる。

中共軍が村に入ると、彼らは人の鼻に穴をあけて紐でつなぎ、それを引っ張って歩くというわさが出回った。戦争時においては、こうしたうわさや宣伝が、非常に受け入れやすくなる。

そんなうわさを聞いて恐怖感を持っているところに、深夜の一時か二時、ラッパを吹き、鉦《かね》を鳴らすような音が、音楽のように聞こえてきた。しかしそれは音楽ではなく、中共軍の行進する音であり、村人にとっては地獄への挽歌のようなものに感じられた。私たちは布団の中に服を着たまま入り、眠ったか覚めていたかは定かではないが、とにかくじっとしていた。大門を叩きながら「ヨボセヨ（もしもし）」と変な韓国語で呼びかける声を聞いたが、誰も答えずにいたら、意外なことにそのまま静かになった。

だが、朝起きて見ると、前の山は白い服装の中共軍一色に覆われていた。彼らの軍服は裏表が白と緑の色になっていて、冬は、雪の保護色として白い方を外側にしている。

しばらく様子を見て、どうやら中共軍は怖い軍隊ではなさそうだということになり、避難しなくてもよさそうだが、とりあえず避難しておこうか、ということになった。軍隊の脅威も感じてはいたが、それよりも、避難せずにそのままいたら、後に情勢が変わった時に、また復讐されるかもしれないという怖れを感じたからであった。つまり、避難しなかったら後で韓国側から何をされるか分からない、という心配である。

そこで住民たちは、またもや南へ避難することになった。中共軍は村人の避難に関しては干渉しなかった。中共軍は非常におとなしい軍隊だったから、すぐに国連軍に撃退されるだろうと思われた。だから、我が村の避難民たちも、空き家で一泊して帰るくらいのつもりだった。それで、数キロ避難して、そこにある空き家に泊まってから帰宅することにした。

中共軍がたくさん山の上にいたが、村人はそのふもとの道を歩いて四キロくらい進み、韓国軍の部隊がいるところに着いた。村に中共軍が侵入していると告げても、韓国軍の人たちは、まともに聞いてくれなかった。

そして、一泊して帰宅してみたら、我が家は中共軍で一杯になっていた。彼らはオンドル（床下の暖房装置）に火を入れて、その温かいところに頭をつけて寝ていた。母は、頭を温めるから彼らは頭が悪いはずだと言った。母は決して、私には頭を温かいところにつけて寝ることを許さなかったのだ。

その中共軍は煙草《たばこ》の普及班だった。私の両親は当時、五〇代の初めごろだったが、老人扱いされて煙草をもらった。村人には漢方薬をくれることもあった。彼らは決して、女性に関心を見せなかった。怖ろしいうわさとは全く違う、良い軍隊だった。性暴力のような行為もなく、むしろソフトな感じがし、住民たちも徐々に親しみを持つようになった。

彼らは軍隊とは言っても、銃を持っている兵士は、ほとんどいない。迫撃砲は見たが、個別には武器を持っていなかった。ただ、シャベルとかの農機具や、その類のようなものは持っている。

彼らは飛行機の音に非常に敏感で、すぐに伏せてしまう。私は飛行機がそれほど怖くなかったので、中共軍が怖がっているのを見て笑っていた。

駐屯中は私たち子供と遊ぶこともあり、兵士といっても一五歳前後、中には私の友だちと喧嘩《けんか》になって泣いた人もいて、その時は「なんて弱い兵隊だ」と思った。

全ての軍隊が性暴行を起こすわけではない。それは軍の性管理の政策にもよるのだろう。中共軍は、私の見聞した範囲では、韓国人女性に対して強姦などの性暴行を行わなかった。後に調べてみたが、おそらく中共軍の三つの軍律の一つに「民衆からは糸一本・針一本とってはならない」とあり、また八項注意の一つに「婦人をからかわない」という規律があったからだと考えている。

銃殺される強姦犯（「満州映画」より）

今から一〇年ほど前のこと、私はビデオ「満州映画」で、めずらしい映像を見た。ビデオではソ連軍が撮ったものとなっているが、国民党の軍隊と旗が見えているので、おそらく国民党と共産党の合作時代のものであろう。この動画には、ニセモノの八路軍（中共軍）兵士の強姦犯を裁判にかけ、街頭で誇示したあと銃殺するというシーンがある。おそらく、軍が性犯罪を厳しく扱った現場を撮った映像としては、唯一のものであろう。私は、朝鮮戦争の当時もこのような中国軍の厳しい軍律があったのではないかと思っており、この映像はその有力な証拠になるのではないだろうか。

ただ、駐留から数か月が経つと、中共軍は食糧が足りなくなって、地域住民たちに供出を要求し始めた。この時、軍隊は乞食のような存在になったと思った。住民たちは穀物などを土に埋めて隠したが、彼らは鉄棒を持って地面を叩き、その響きを聞きながら掘り出したこともあった。だが、お互い言葉が通じないので、それ以上のことはしなかった。やはり、やさしい軍隊だったのだろう。

私たちがそれより前に経験した、北朝鮮人民軍による一家虐殺や、韓国軍の残虐な復讐に比べれば、とても良い軍隊だと思った。通訳者もおらず、彼らとはコミュニケーションが全くとれなかったが、表情でなんとなく分かったふりをしていた。私は、自分の家の中を時々のぞいてみたが、常に軍人がいっぱいだった。

しかたなく、我々は防空壕で生活することになった。その防空壕は、白土の穴をホミという草取り用の農具で掘って、洗面器で土を出し、私と母が作ったものである。私は自分の初めての作品のように思い、むしろ家よりも良いと思っていた。中に座って生活し、時間を過ごす分には、特に不便がない。

その防空壕は、我が家のすぐ後ろに掘ったものであるが、何かあると困ると思い、家族は目の前にある我が家に入ろうとしなかった。そのため、しばらくそのまま防空壕で暮らした。そこで、さらに横に長く掘り、私が隠れる場所として、一人部屋も作った。村人たちは家単位で、こうして自分たちの防空壕を掘っていた。これによって、爆撃等による村人の犠牲者は少なくなったと思われる。

戦闘機が四機一組で飛来すると、中共軍は例外なく伏せるが、私は興味深く観察した。操縦士は前方を斜めに見下ろすので、その視角から外れれば安全だと聞いた。しかし、この時の飛行機は二機で一組であり、目の前の山を越えてから上空へ旋回し、戻りながら山頂に爆弾を投下した。一瞬、赤い炎と黒い煙が空を染めた。

この飛行機の音がセーセーと聞こえるので、私たちはセーセーギと名付けた。のちにジェット機と言われるようになったが、北朝鮮ではいまだにセーセーギ（쌕쌔기）と呼ばれている。爆弾はビール瓶の形をしていたから、ビールビンと呼んでいた。この爆撃によって、山頂では中共軍の兵士が多数、死んだようであった。

このように、我が家は中共軍に占拠され、家族は住むところを失った。母は食器などを取りに自宅に出入りはしたが、それでも家には住まなかった。軍人たちと一緒に寝るのも、面白い経験だったろうが、なにより爆撃される怖れがあり、結局は防空壕に住むことを選んだ。

国連軍の落下傘部隊

五月末ごろの、ある日の朝、晴れわたった空に、今まで見た爆撃機とは違った飛行機が飛んできた。その飛行機は大型であり、翼の両側にはラグビーボールのような黒いものが付いていた。やがて、その飛行機は落下傘を投下した。空から落ちる落下傘は五色燦爛《さんらん》だった。その場面は壮大で、美しい景観だった。戦争中にこのように美しい光景を見た私は、戦争がまるで遊びであるかのように感じた。

落下傘で空から降りた軍人たちは、落下傘の生地と同じ色のマフラーをしていた。それが後に「赤いマフラーは空の男」という流行歌になったが、その歌が歌われるたびに、私はこの落下傘の場面を思い出した。歌のもとになった映画は、韓国空軍の中尉が自爆するというストーリーであるが、私が実際に見たのは国連軍の落下傘だった。この戦争全体を通して、韓国軍の存在というものは非常に薄かった。

国連軍の落下傘部隊

落下傘で降下した国連軍の兵士たちは、銃を胸の前に構えて、慎重に我が村に向かってきた。私は彼らを怖いとは思わず、むしろ彼らの来訪が嬉しかった。

村に向かって歩いてくる完全武装の国連軍の中に、黒人が交ざっていた。びっくりしたのは、まず身長の高さだった。私は当時の印象を、人に「電信柱が歩いてくるようだった」と言ったらしい。私は黒人を怖いと思っていたし、特に夜中に会うと、顔が見えずに歯だけが見えて、少し滑稽《こっけい》な感じも持った。彼らは国連軍であり、怖い存在ではないのだと納得はしていても、それでも少し怖く、神秘的な存在だったのである。

落下傘部隊は、ほぼ一〇人組で、中には黒人、あるいは通訳者のような東洋系の完全武装した軍人などもいたように思う。

そのころの私は、戦争への恐怖をそれほど感じず、むしろ楽しんでいた。同学年の甥から誘われて、銃を防空壕の中で発射してみたこともある。銃というものの反動の強さを、身をもって感じた。平時からは想像もできない経験だった。最初は緊張して怖かったが、やってみると楽しかった。銃声で耳が痛いほどではあるが、防空壕の中だから外には音がそれほど大きく漏れないのをいいことに、私たちは射撃を楽しんだ。しかし、銃器はすぐに、治安担当者に押収されてしまった。恐怖と楽しさ、それは、今で言うホラーのような感覚だったかもしれない。

そんな中、村人には米軍の煙草とレーション（野戦食）が配給された。レーションには通常、缶切りが付いているが、ないものもあって、その場合は包丁で無理に開けた。このレーションの、なんと美味《おい》しかったことか……。しかし、たまに美味しくない豆の缶詰も入っていた。

すぐに味を覚えた私たちは、連合軍の兵士たちを、食料品を持ってくるメッセンジャーか何かのように待った。村人たちも、背の高いスマートなアメリカ兵たちを、みんなで手を振って歓迎した。だいたい、自動車など見たこともない村人にとって、大きな部隊が来て、ジープがたくさん来るだけでも、大喜びだった。また、ろくな食べものも食べていないところへ、彼らはチョコレートやドロップキャンディ、ビスケットなどをばらまく。彼らからもらった缶詰などを腹いっぱい食べることができて、私たちは本当に嬉しかったのである。

村を襲った激しい爆撃

だが、その後、我が村は激しい戦場になった。それ以前の、九月の国連軍によるソウル奪還の時は、軍人を見ることがなかった。「一・四後退」の時も、中共軍による行軍のような侵入であり、村での交戦はなかった。だが、その時の戦闘は非常に激しかった。

我が村の前にある畑と小山には、米軍部隊が駐屯していた。占領のしるしの赤布幕が、村の前に引かれているのが見えた。それは、我が村はまだ米軍側になっていないということを意味する。私たちはそれを、不吉な象徴のように感じた。

爆弾の投下が午前から始まって、日中ずうっと続いた。それは、以前には見たことのないような、乱暴な爆撃だった。しかし、村にはあまり影響はなかった。爆弾は、村を越えて北の方へ落ちていたからである。続いて、飛行機が断続的に飛来して、今度は西の方へ爆撃する。しかしこの時も住民は、わざわざ農民を爆撃しないだろうと、わりと安心していた。

その晩は、雨が降っても爆撃が続いた。その間にも空にはヘリコプターが旋回し、中型戦車が村の裏山に、先にガソリン弾のようなものを発射してから発砲し、それによって山が燃えていた。夜には、銃弾で殺された中共軍が焼かれたりもしていた。だが、こうした山の火事を、誰も見ようとしなかった。村人はただ、米軍の動きに注目するだけだった。

雨の中に一晩じゅう響く爆弾の音と振動の怖さで震えたあとで、晴れた朝を迎えた。どこからか「防空壕から出なさい」という声が聞こえた。それでもまだ防空壕に残っている人がいるということで、様子を見に行った人が、村のある家族が防空壕の入り口を布団などで強くふさいだために酸素が足りず窒息しそうになっているのを発見して、これを救出した。

しだいに、前夜の爆撃の被害が分かってきた。ある家では、爆撃を避けるために牛をわざわざ村の後ろの小山に防空用の壁を作ってつないでおいたのに、その、生まれて間もない子牛のいる雌牛が、爆撃を受けて死んでしまった。その雌牛は尻の部分がなくなっていた。村では、そのまま放置しておくと腐るというので、各自が包丁を持ってきて、肉を切っていくことにした。村人たちはこの肉を醤油で煮て、しばらく美味しく食べた。

しかし、その飼い主のお婆さんは、かわいそうだった。手に餌を持って、逃げ回る子牛に声をかけ、泣きながら追いかけるのだが、なかなかつかまらず、いつも村じゅうを探し歩いていた。私は戦争中の最も悲しい場面の一つとして、このことを記憶している。

また、別の悲劇もあった。私の隣の村では、妊婦が一人、まだ防空壕に残っていたという。その村では、約一〇人ずつ一列に並んだ軍人が、防空壕を一つ一つ、安全確認のために手榴弾を投げ入れて爆破していた。そうした軍人たちが、ある防空壕の前に立った時、防空壕の中から突然、この妊婦が飛び出してきたのである。

軍人たちは驚いて発砲してしまい、その弾が妊婦の腹部を貫通してしまった。彼らはヘリコプターを呼び、妊婦を病院に運び、母親は手術を受けて一か月ほど後に帰宅したが、赤ちゃんの方は死亡したという。当時の私たちは、米軍とは全くコミュニケーションがとれなかったが、彼らのそのような行動を見て、良い軍人なのだと判断した。

中共軍の死体処理

爆撃を受けている時は、みんな必死で隠れ、もう死ぬんじゃないかという恐怖に震えるが、それが過ぎると、すごく嬉しい気分になる。例えば私は、ヘリコプターなどを、かっこいいなぁという感じで見ていた。

ヘリコプターを今の韓国では「ヘルギー」と言うが、おそらく学校教育が始まる前までは、ヘルギーという言葉は知らなかったと思う。私たちは、それまでヘリコプターのことを、トンボの飛行機という意味の「ジャムジャリビヘンギ」と呼んでいた。

また、戦闘機は「セクセキ」と言っていた。「セ〜ク！」といった飛行音から名付けたのであろう。このように、みんな自然に名前を付けていた。この、戦闘機が見られるのも、当時の私にとっては、わくわくすることだった。

今回の戦闘の結果、米兵が一〇数名亡くなった。その死体は我が家の横に置かれ、その後にヘリコプターで運ばれていった。一方、中共軍の戦死者は七〇名余りだったが、その処理が問題だった。村人にこうした遺体を埋葬するように指示があり、父は村人と一緒に、藁縄で死体を縛って一つの穴に数名ずつ埋めていた。しかし、貯水池の近くや水の中の死体は接近することができず、しばらくそのままにするしかなかった。父の話では、中国兵の時計とか所持品は、みな奪われていたということだった。死体から物を盗む心境が理解できない、父は、おそらく軍人たちのしわざであろうと言っていた。

こうした一連の戦闘によって、一軒の藁葺《わらぶ》きの家が爆撃で焼かれた。実はその家が、我が崔家の本家であり、この本家には、祖母と息子夫婦、そして孫息子七人、孫娘一人の大家族が住んでいた。その家が焼かれ、祖先の遺物の笠や祭服など、先祖代々に伝わる遺品が全部なくなってしまったのである。しかし、全ては防空壕の中にいるあいだのことであり、彼らは焼け残った灰と炭しか見ることができなかった。

国連軍による性暴行の被害

激戦が終わり、我が村の畑と小山には、米軍キャンプが駐屯した。そして我々は、ついに国連軍の性暴力というものを、目のあたりにすることになるのである。

米軍の兵士たちは、二～三人ずつで村を徘徊した。時には軍用犬のシェパードを連れて歩いた。村人は彼らの行動を観察していた。それは、軍事的な活動とは思われなかったからである。米兵は女を探して歩いているのだという、うわさが立った。

兵士たちは村人が危惧していたとおり、まもなく女性たちを略奪し、性暴行し始めた。村人は、戦争とは違った怖れと不安を強く感じることになった。

彼らは昼間、村をぶらぶらしながら女の目星をつけておく。そして夕方になると、坂道など、村全体を見渡せるところにジープを停めておいて、望遠鏡で目当ての女性を探す。それで見つけると、猛然とジープを走らせてくる。そうして女性たちを強奪していくのであるが、私たちはそういうジープを見ると、大声で「軍人だ！　隠れろ！」と叫んだものである。

幸い夜には、軍人が村を訪ねてくることはなかった。彼らも身の危険を感じたのか、あるいは「夜間外出禁止」だったのかもしれない。

私の姉は他村に身を隠したので、被害は受けなかった。村では、若い女性はタオルをかぶり、子供をおんぶしていた。女性たちは、積んである藁の中に隠れたりもするが、たちまちシェパード犬に見つけられてしまう。村人がそれに気づいて彼らを取り巻いたりすると、何か捜査をしているようなふりをして行ってしまうが、目を離したスキに連れて行かれた女性もいた。中でも、以下に紹介する地元の少女に対する英国軍兵士の行為は、今も記憶に残っている。

ある夕方、私の隣の家で家族が夕食を食べていた。その時、隣家の前庭に突然、イギリス軍の憲兵二人が乗ったジープが停まった。私はその家まで行って、彼らが何をするのかを見ていた。隣家には一五歳の女の子がいて、彼らはその娘を目当てにやってきたようである。私は彼らの赤い帽子を見て、彼らが憲兵であることを知った。彼らはエンジンをかけたまま、銃を持って家の中に入っていった。

車が停まる音を聞いて、隣家の人たちは一人娘を屋根裏の壁蔵（はめ込み式の押し入れ）に隠した。しかし兵士は部屋の中に靴をはいたまま入って行き、部屋の中を調べ始めた。

一人が障子戸のところに銃を持って立ち、もう一人が探す。その娘は見つかりそうになって怖くなったのだろう、壁蔵の中から軍人の前に飛び降りた。だが、不意を突いて逃げようとしたところを捕まってしまった。

兵士は彼女を捕まえ、ドアの外側に銃を向けて立っていた。家族は部屋の外で震えていた。すると、その家のお婆さんが、農具の鉄の熊手を持って、ものすごい勢いで板の間を叩いたのである。これに驚いた兵士は思わず娘を放し、エンジンをかけたままのジープで急いで去っていった。

このお婆さんは耳に障害があり、どこにそんな勇気があったのかと、改めて村人から評価された。その後、彼女は、軍道上での交通事故で亡くなってしまった。彼女に対する賠償は、もちろん一銭もなかった。

また、ある結婚したばかりの女性は、畑に肥やしをやっているところを兵士にジープで連れて行かれた。彼女は一か月近く行方不明になったあと、ある日、同じ場所でジープから降ろされ、村に帰ってきた。貞操を命のように重要視してきている儒教社会の村ではあるが、何のうわさ話も出ず、みな黙っていた。彼女の性モラルが問われることはなかったのである。

ある晩、隣の村では、黒人兵が性暴行する場面を見つけた村人が、農機具でこの黒人兵を殺してしまったという。まもなく憲兵が調査に来たが、農民たちは逃げ、また、部隊の移動もあったことから、それ以上の捜査はなく、無事に済んだということだ。

襲われるのは若い女性だけではなく、少年も襲われた。村の男の子が兵士のフェラチオに利用されることなどがあった。

ある時、私より一つ上の一一歳の少年が、お婆さんと一緒にサツマイモ畑で作業をしていたところ、米兵が性器を出して、それをなめるように強制した。米兵が嫌がる少年を押さえて性器を口に入れる。無理に口を開いたので、口から出血した。そばでお婆さんが大声で泣いているのに、彼らは平気でそういうことをやっていた。このような性暴行は、部隊に近いところや道路の周辺で起こった。だが、こうした性暴行も、それほど長くは続かなかった。

兵士が女性をレイプする理由

戦争中に武器を持っている軍人は怖い。何をするか分からない。確かにそうかもしれない。だが、朝鮮戦争の支援軍として参戦して我が村に駐屯した中共軍の中には、まだ幼い少年のような軍人もいて、時々さびしそうに、涙ぐんでいるのも見た。

戦争中は、隣村の全家族が虐殺されたり、村人も残虐になって軍人を殺害したりした。全ての感情がマヒしてしまい、かわいそうだとか怖いとかということもあまり感じることがなかった。

倫理観は言うまでもなく、治安というものが全く不在となる期間を、私は何度も経験した。国家間の戦争は軍人どうしの争いのように見えて、実は一般民衆さえも堕落させるということを、私はこの目で見た。今までは運命共同体だと思っていた近い親族すらも頼れない。自分たちの家族以外には、集団でいることの意味もない。

確かに、多くの国連軍兵士は平和のために命を捧げたが、一部の兵士たちは悪魔のような存在だった。平和を作り、それを守るために戦う兵士たちであっても、死を前にしてモラルを保てるとは限らない。否、そもそも戦場でモラルを求めることは無理であろう。戦場では、歴戦の勇士ですら矛盾した行動をとる、つまり、戦争そのものが問題であると考えたほうが正しい。

私が見た交戦中の兵士たちは、死の恐怖を感じながらも、銃を持った自由な王者となったかのような、極端な感情を持っているようだった。人を殺傷する武器を持った軍人が、無制限な自由と極端な満足を求めようとする。そこに、怖ろしい性暴力が起こるのである。

一般的に戦時中の性暴行は、主に敵側を傷つけるために行うと思われる。それが一種の戦闘行為であるかのように言われることもある。つまり、レイプする女性だけではなく、むしろ、その女性の夫や家族、そして国家の名誉とプライドを辱《はずかし》めるために、行われているというわけだ。そのために、敵国の女性に性暴行をするのだ。

例えば、フランス軍は戦争中、アルジェリアの男たちの名誉を失わせるため、多くのアルジェリア女性を強姦した。セルビア軍は、ボスニアのムスレムとクロアチアの女性に対する組織的な強姦をした。その数は三万から五万とも言われており、百人に一人は妊娠したという証言もある。ベトナム戦争では、韓国軍が敵の女性を強姦して殺したという。

戦争の際には、突発的にしろ、組織的にしろ、強姦が多く起こることは周知の通りである。

もし軍隊が本当に「平和のために」戦争をするのだとすれば、最前線で戦う将兵たちは天使のような存在であるはずである。そして、最低限のモラルを持っているはずである。しかし実際には、こうした平和のための戦士たちは、敵国の女性をよく強姦する。

だが、朝鮮戦争の時の、国連軍による韓国女性への性暴行は、こうした例とは異なっている。まるで逆である。

自分たちを歓迎する人たちへ危害を与える、そればかりか強姦をする、その理由は何だったのだろう。先に述べた、戦術的な敵側への性暴行は、交戦中の戦術のようなものであろうが、後者は交戦の後である。治安が全く不在で、なおかつ軍人にとっては安全という状況で、単におのれの性欲を満たし、発散しようとする行為だったのではないか。いわば、「慰安婦」的なものと言えるのではないか。

国連軍は確かに、敵国ではない韓国の女性を犯した。韓国軍兵士による自国民への性暴行も、私の記憶に残っている。日本軍が日本や朝鮮の女性を戦地へ連れて行ったのも、このような兵士の「慰安」のためであったのではないか。

しかし、私の村におけるこうした性暴行の期間は、長くて二か月くらいの期間にすぎなかった。なぜなら、村に売春婦たちが入ることにより、性暴行はなくなったからである。ただ、もちろん売春婦がいる時にも、時には強姦のうわさはあった。

戦争は正気か狂気かという論議がある。戦争を全て狂気だとまでは言いきれないが、少なくとも、人と人とが殺し合う最前線においては、お互いが自分の命を守るために必死であり、とても正気とは言えないパニック状況におちいる。

こうした状況における兵士の性的行為を、ただ狂気と見なすのではなく、その正体を理解しなければならない。危険から自分の命を守りながら、同時に敵を殺さなければならないという状況、こうした交戦という極めて危険な状況では、暴力が起こりやすい。だが、その時に彼らがセックスを求めるのは、なぜだろう。慰安婦問題も、こうした性の根本的な問題から考えなければならないと思う。

中共軍による性暴行はなかった

前述のように、朝鮮戦争における国連軍は「平和軍」であり、共産化から民主主義を守ってくれる、天使のような軍隊と思われていた。しかし、私の故郷で、我々にとって味方であるはずの国連軍によって行われた性暴行は、凄惨を極めた。私たちは、戦時下において人間は、かくも凶暴な存在となり得るのかと感じていた。

「天使のような」国連軍の兵士たちも、戦争の時には数多くの悪いことをした。米軍は、村のシンボルになっている松の木を切ったり、墓の石碑を標的にして射撃練習をしたりした。戦争には殺人だけがあるのではない。モラルなき娯楽と浪費も氾濫《はんらん》する。それでも、最悪なのは、村の女性たちが性暴行されることである。

これらの性暴行が、韓国国内のどれくらい広い範囲で行われたのか、今となっては確かめようがない。だが、儒教的な倫理観が強い私の村でも、それまでは売春婦を置くことなど許されなかったのに、戦争という不可抗力と、性暴力への恐怖によって、住民たちは「売春」を認めざるを得なくなっていった。

もちろん、全ての軍隊が性暴行を犯すわけではない。繰り返すように、私は朝鮮戦争の時、中国の軍隊が性暴行を全くしなかったことを体験的に知っている。それが中国軍の性を管理する軍律と関わるものかもしれないということは、先に述べた。だが事実として「中共軍」は、朝鮮戦争の時に韓国人の女性に性暴行はしなかったのである。

一方、米軍が駐屯すると、性暴行が多発した。米兵相手の売春婦たちが多く村に現れるようになると、村人は売春婦たちを歓迎した。彼女たちは村の救い主だった。彼女たちがいなかったら、村の女性は全員、性暴行されるのではないかとすら思われた。

こうして、私たちの村は売春村になったのである。単に売春を認めたというだけではなく、村の女性たちの貞操を守るために、売春婦は「必要」だと思われた。同時に村人は、売春婦たちに部屋を貸すことで、現金収入も得た。

兵士による性暴行が起きるような状況では、警察はもちろん、憲兵さえも治安に対して力が及ばない。法と秩序がなくなり、本能のおもむくままにセックスを求める。そこには当然、暴力化が起こりやすい。

先にも述べたように、こうした兵士たちの性的行為をただ狂気と見なすのではなく、正しく理解した上で、制裁を用意しなければならない。私は、それこそが本当の教育であると主張したい。ごく最近でも、ユーゴスラビアの紛争で性暴力があり、またロシアの紛争でも同様だったのに、なぜ、七〇年も前の日本の慰安婦問題だけが取り上げられるのだろうか。

米軍の駐屯と売春村の誕生

ともかく、このような経緯を経て、性暴行をまぬがれるために、村の人々は売春婦を歓迎した。国連軍の兵士を商売相手にする若い売春婦たちが続々と村に現れ、村の人たちも、こうした売春婦たちを歓迎した。彼女たちは村の救い主となった。彼女たちがいなかったら、村の女性は全部、性暴行されたかもしれない。村人は、売春婦たちに部屋を貸して収入も得られるし、村を性的な危険から守るという意味で、一石二鳥と考えた。

こうして村は、一気に売春村になった。荒っぽい軍人による性暴行を防ぐために、住民たちは伝統的・儒教的な性倫理を緩めて売春を認め、正当化し、さらにそれを積極的な収入源とした。

村人は、こうした売春婦たちのことを肯定的に見ていたが、結局のところ、自分の家族や親族の貞操を守るためとして、外から来る売春婦は他人であり、必要悪だと思ったのであろう。

このような売春村は、駐屯基地を中心とした地域に広がっていき、そこでは、売春婦が半ば公娼的な形で存在するようになっていった。

日本の慰安婦問題をめぐっても常に、単なる売春なのか性奴隷なのかという議論がある。私は、「性暴力」と「慰安」には密接な関係があると強く感じている。これは、現代の娯楽施設一般にも言える。そこに行く人には「遊ぶ」という意識があっても、そこで働く人にとっては「仕事」なのである。

戦地における慰安所を管理する慰安業も、戦時中は風俗業、つまり恥ずかしい醜業であるというような意識はなかったようである。売春も慰安業も、同じ「セックス産業」である。慰安所は、軍人を相手にして営業を行い、収入を上げた、ということである。こうして売春が戦場に持ち込まれ、戦争中の戦場であっても商売としての売春が成立した、ということは事実なのである。このあたりについては、拙著『朝鮮出身の帳場人が見た慰安婦の真実』（ハート出版、二〇一七年）に詳しく書いた。同書では、ビルマやシンガポールの慰安所で帳場人（いわば経理担当）として働いていた実在の人物・朴氏の日記を詳細に紐といて、そうした慰安所の「実態」を明らかにしている。

確かに戦争は怖いものであるが、中には、それを楽しんでいる者もいる。戦争が我が村を変化させ、村は完全に売春村と化としたが、これは、人の運を変えるチャンスでもあった。私は、それを戦争の記憶として書き残したい。

悲惨なことを一方的に強調することもなく、オリバー・ストーン監督の戦争映画に出てくるヒューマニストについて書くつもりもない。

私は、戦争の体験談や、植民地からの引き揚げに関する証言を数多く読んできた。その際にも、ただ悲惨なだけの話を読み続けるということは、なかなか難しいと感じた。だから、それとは違う、メッセージ性のあるものを後世に残したいと思っている。

ソバ畑の思い出

ソバといえば、韓国では李孝石の小説『ソバの花が咲くころ』を思い出す人が多い。ソバ粉の麺やムックは、韓国では有名な食べものである。ムックとは、ソバ・緑豆の粉を沈殿させて煮つめ、硬めのゼリー状にした食品である。この、ムック売りの行商の掛け声も懐かしい。冬の夜に売り歩く風景は、今でもあるのだろうか。日本に長く住む私にとって、ノスタルジックな思い出であるが、一方で貧困時代を思い出す食品でもある。

今では健康食として広く生産されているソバであるが、昔は、穀物としての価値は低かった。山村以外では栽培する人も少なく、田んぼの少ない我が故郷では、白い花の美しさを観賞するようなこともなかった。とにかく、良い田んぼや畑で栽培するような作物ではなかった。だが、私にはそれが、朝鮮戦争中の記憶を思い起こす貴重な物なのである。

私のいとこの奥さんは、ソウルから嫁《とつ》いできた。夫婦喧嘩をよくしたが、いつも奥さんの勝利だった。普段は夫が敗北宣言をして仲直りするのが常だったが、時に夫の方が強く出ると、この奥さんは気絶した。夫は慌てて気を失った奥さんの顔に水をかけたりして、意識を取り戻すということが頻繁にあった。彼らには、三人の子供がいたが、田畑などは持たず、非常に貧しかった。牛を連れて歩いたり、我が家の家事を手伝ったり、父が支援して生活をしたりしたことで、若干の畑もできた。それは小川の近くにあった砂質の畑で、彼らはそこで、ソバを栽培していたのである。

その唯一のソバ畑に、米軍がテントを張って駐屯した。いとこの奥さんは「せっかく苗が出たのに潰された！　これは飢えて死ねということか！」と、駐屯している部隊に行って激しく抗議した。彼女は心の底から怒り、命がけの気持ちで米軍に向かって叫んだのである。

すると、なにやら若い女性が大声で叫んでいるということで、米軍の中隊長が出てきて、通訳を通して事情を聞いてくれた。その上で彼女に同情し、それなりの賠償をしてくれるという。その晩、彼女の家の前庭に、米軍の車が煙草や缶詰などを運んできた。彼女は、こうした品物が高く売れることを知っていた。戦争中のことであり、土地の値段は安い。それで、その品物を売って、新たに田んぼを買ったのである。

また彼女は、売春婦の洗濯など、身の回りの手伝いなどもして、現金収入を得ていた。村人たちは、彼女を非難するよりも、妻を外に出さざるを得ない夫の無力さを非難した。彼女は米軍部隊の鉄条網の周りを歩きながら「ウォシ（Wash）、ウォシ（Wash）」と声掛けして、洗濯の注文を受けながら仕事をした。一方の夫は、彼女の帰宅が少しでも遅くなると彼女の背中を調べ、米軍に性を売っているのではないかと疑ったりしていた。こうして十数年後、彼女の家は、村で最も繁栄する家となった。まさに、貧富の逆転が起きたのである。彼らは首都ソウルに移住した。

村人は女性の貞操を守るために売春婦を歓迎し、村は売春村と化した。伝統的な性道徳では想像もつかない「売春」が、村の日常的なことになった。

当時の私は、売春婦に対して非常に不良っぽいイメージを持っていたが、近くで見ていると、純粋な人が多かった。精神が堕落してそうなったとか、倫理や道徳がどうだとかいうことは全然なく、家が貧乏で、家族のために仕方なく売春婦になったという人が多かった。

この時代を回想すると、戦争や社会の混乱が、逆に、人によっては生活の転機のチャンスにもなるのだということを知らされる。私が見た戦争には、こうした、チャンスとチャレンジもあったのである。

米軍慰安婦の二面性

性暴行にさらされた村に、ソウルから売春婦がやって来た。村で部屋を有料で借りて、そこで売春することを村人は歓迎した。まず米軍の性暴行から住民の安全が守れることと、部屋を貸して現金収入が入るということで、経済的にもプラスになる。我が家でも一人に貸した。もう一つの部屋は、農事をしてくれる下男の部屋だった。村の全家が、そのような状況になった。まさに、売春村である。

米軍相手の売春婦は「洋《ヤン》カルボ」、「洋公主《ヤンコンジュ》（西洋の王女）」と呼ばれた。この二語は基本的に侮蔑語であるが、前者が単に「売春婦」であるのに対し、後者は「お姫さま」という意味を持つ。このように、言葉の上でも、否定と肯定の二つの側面を持っているわけだ。そして彼女たちは、その時と場合とによって、蔑視されたり、英雄視されたりするのである。この二つの要素は、社会が極度に混乱したり戦争になったりすると、ダイナミックに変動する。

つまり、彼女たちが「売春婦（カルボ）」と「お嬢さま」という二つの面を持つように、いわゆる慰安婦も、犠牲者＝愛国者とされる場合があるのである。売春婦＝慰安婦は、外貨を稼ぐ祖国近代化の英雄というわけである。

こうして米軍相手の売春婦、つまり「米軍慰安婦」は生まれた。しかし、韓国国内で米軍慰安婦の是非について論じる場合も、今現在の人権思想によって問われるべきではない。米軍慰安婦が現れたのは、人と人が殺し合う戦時中のことである。人権意識も人間性もない、戦争中の軍人の性の問題として、慰安婦問題を考えてほしい。

戦争中、一時的ではあるが、性暴行や性犯罪を防ぐために、村の住民たちは売春を認めて正当化した。そして、それを積極的に収入源にし、売春は駐屯基地を中心に広がっていき、売春婦は半公娼的なものとして認定されるようになった。売春は性モラルの逸脱とされる一方で、外貨を獲得する偉大な行為として、黙認されたのである。

後述するように、かつての朴正熙《パク・チヨンヒ》政権は、儒教の性倫理を守ろうとしながら、一方では売春を認めるような政策も取っていた。当時の韓国政府は、彼女たちの行動を愛国的な行為と考えていた。これは、外貨を稼ぐ存在として、政府に重宝されていたということを示している。

売春村の活況

私の生まれ故郷では、しゃれた服装や化粧は芸者のものであり、避けるべきものであると言われていた。口紅を塗るとネズミを殺して食べたネコに似ていると、村人は口癖のように言っていた。その基準で見ると、現代の女性は全員、売春婦のように見えるかもしれない。そんな小さな村ではあるが、そこへ若い女性たちが入ってくると、村には、がぜん活気が出た。

米軍のジープやトラックが一斉にやって来て、あちこちに駐車する。空き地は車でいっぱいになる。こうした米兵たちが村を行ったり来たりしているから、なんとも賑《にぎ》やかで活気がある。米軍の外出がなかった日は、まるで村が死んだように静かになる。売春婦たちも商売ができず、明日は米兵が来るだろうかと心配して、皆が沈んだ顔になる。

村のあちこちに、コンドームと、性に関する英語が氾濫した。米兵らは、パパサン、ママサンといった日本語を使った。彼らの多くが日本に駐屯していた部隊だからだという。時々は日本の歌も歌った。蓄音機から、李香蘭の「支那の夜」などが流れた。村人たちも、英語を一所懸命に覚えようとした。米兵は飲んで歌い、ダンスをした。ボクシングもやった。彼らが歌う歌は、当時のアメリカの流行歌だった。

こうして、性暴行の恐怖からは逃れられていたが、やがて、もう一つの不安な要素が発生した。それは、村の男たちが売春婦と関係を持つのではないかという、女性たちの不安である。実際、それが原因で家庭不和も生じた。また、男性は男性で、自分の妻を監視したり疑ったりして、やはり夫婦喧嘩が絶えなかった。売春婦たちは農家に下宿する形をとっており、当然、住民との接触も増えていったからである。社交性のある男たちは売春婦と時々話を交わし、冗談を言ったりするようになった。

「オヤ」と呼ばれた売春婦

ソウルから来た売春婦の中に、「オヤ」とか「オヤカタ」と日本語で呼ばれている女性がいた。美貌の彼女は、兵士に人気があった。村に三〇人ほどいる売春婦の中でも、英語力と貫禄があり、兵士が暴れたりした時に、それを解決する能力もあった。

例えば彼女は、性暴行の危険にさらされた少女を、自分の子供の子守りや家事をしてくれる女中として、村から連れていったこともある。そしてソウルでは、自分が売春をしているということを人には言わず、子供を女中に任せて事業をしているのだと言っていた。

また彼女は、売春婦たちから米軍用の物品やドルを集めて、それをソウルで売ったりもした。さらに、秘密で軍のトラックを借り、乗客を乗せて運賃を取るような商売をしたりして、お金を貯め、ソウルに家を買った。多くの売春婦は、食べることに困難な状況から売春をせざるを得ないという感じだったが、彼女は単なる「事業」としてやっているように感じた。売春することを、恥ずかしくも思っていないようだった。

コンドームと英語の氾濫

先ほども触れたように、村には米軍のコンドームと性に関する英語が氾濫した。米兵たちはパパサン（父さん）、ママサン（母さん）、タクサン（沢山）、スコシ（少し）など、日本語を交えて話をした。

ハバ（早く）、ウォシウォシ（洗濯）、ストップ（中止）、ハロー、オーケイ、イエス、ノー、チャプチャプ（食べもの）、シューシャインボーイ（靴磨き少年）、ツリコーター（トラック）、カモン（来い）、ガッテムソナビーチ（悪口）、ケーアウ（離れ）、スリップ（寝る、性行為）、スレキボーイ（どろぼう）、ショーツタイム、ロングタイム、オールナイトなどが、米軍にもよく通じた言葉だった。

そして、「チャプチャプ（食べもの）、ストップ（中止）」は消化不良のために薬を求めることを表す、といったように、ある程度、ピジン言語（混成語）的な言葉も現れた。これは、村人も英語を一所懸命に覚えようとした結果である。

こうして、戦争が村の倫理道徳を変えた。もともと倫理道徳的には、商業というものに否定的であり、特に女性の商売は軽視されていたが、基地村の付近をめぐりながら片言の英語を使って物を売る女性も出てきた。

しかし、村には米軍部隊は長く駐屯せず、少し離れた東豆川に移ってしまった。無名の町だった東豆川は、米軍七師団の駐屯により、基地村として全国的に有名になった。

国際結婚を夢見て

米軍の兵士は、韓国の女性に性と慰安を求めた。やっていることは売春であっても、兵士たちにとっては慰安の意味も強かったようだ。逆に、売春する女性たちにとっては、結婚のチャンスを求める機会でもある。韓国の貧困とアメリカの富の対照として、貧乏な韓国から豊かな国アメリカへ脱出しようとした者も多かった。それは、新しい、アメリカという土地での、より良い生活の夢を求めての出発でもあった。戦争や貧困、韓国の家父長制から解放され、夢の地アメリカへ行く近道、という思いである。現代の多くの韓国人が持っている、アメリカンドリームそのものである。

このころ、米軍慰安婦だった女性たちが、米国兵士の花嫁として米国に入国した。そのような女性の数は一万人ほどになるという。

韓国の政治は、確かにお粗末であった。日本に駐屯している米軍よりも、韓国に駐屯する米軍の買春の方が盛況であるという事実は、韓国とアメリカとのあいだの外交政策に起因している。

一九七〇年代、朴正熙大統領は外貨を稼ぐ政策をとり、米軍基地における売春は、米軍の性的欲求を満足させて志気を上昇させ、ひいてはそれが朝鮮半島の安全保障につながるという、愛国的な行為と思われていたのである。だから韓国政府は、米軍の買春と性病などの問題は、原則的にアメリカ側のものであるとし、積極的に取り締まる政策を取らなかった。

外国の軍隊による強姦や買春に対する政策や態度は、その国家間の関係によって様子が異なってくる。米軍相手の売春婦の数は、戦後四〇年間において、二五万人から三〇万人であると推定されている。

こうした背景がある中、一九九二年一〇月に「尹今伊《ユン・グミ》事件」が起きた。米軍クラブの女性従業員だった尹今伊さんが、米兵ケネス・マークルによって惨殺され、全身に生傷がある状態で発見された。遺体の全身には、暴行を隠すかのように、洗剤の粉がばらまかれていた。

この殺人事件が一つの契機になって、女性の人権団体が反米運動を起こした。フェミニストたちは、米軍基地周辺の女性たちこそ性の被害者であると訴えた。そして、こうした女性団体、キリスト教団体などが連帯して、大きな社会問題となった。

ある女性団体は、「在韓米軍は韓国で毎年二千余件の犯罪を起こしている。その犯罪の根本的な解決のためにも、韓米行政協定の改正を含めて犯罪の根絶の対策を要求する」と、当時のクリントン大統領に請願した。

米軍駐屯から半世紀近くを経て、このような米軍批判が出てくるような変化が起きたのである。それは、従来からある貞操観・性倫理が底流として存続しており、それが社会運動などによってフェミニズムや人権意識として広がり、国民の貞操観・性倫理が改めて意識されたのだろうと考えられる。

そういう状況の中で、今度は韓国人の売春婦がアメリカの黒人兵に殺され、仲間の売春婦たちが彼女の死体をかついでデモをするという事件が起こった。ところが韓国政府は、これらを大きな問題として扱わなかった。つまり、朝鮮戦争時のアメリカ軍と韓国政府の構図が、今なお続いているわけである。

東豆川には、現在もアメリカ第二師団が駐屯している。かつては四万人だったのが今では二万人と言われており、そこはまさに売春地帯である。夜に行ってみると、鉄道の線路のところに、ズラッと売春婦が立っている。一九八〇年代の末に私が東豆川に行った時とは、印象が大きく変わっていた。

ただ、昼間の時間に、表通りで売春婦のような女性に会うことはなかった。そこで現地の人に聞いたところ、今は飲食店、キャバレーなどにいるという。そこで、ある飲食店に入ってみた。それらしい女性が数名いた。しかし彼女たちは、ロシア人やフィリピン人であるという。

米軍キャンプがあるところであれば、どこも同様である。全国的に有名なのは、ソウルの梨泰院、京畿道の坡州と烏山、あとは大邱などである。これらの町並みはアメリカの風景のようであり、治外法権の地域として知られている。

こうした場所では、売春婦たちは民家を借り、家庭的な雰囲気を感じさせるような飾りつけをして、米軍を得意客にしている。ホームシック状態にある米軍人にとっては、家庭的な雰囲気を味わうことができ、慰め（慰安）になるのだろう。

多くの売春婦たちは、運がよかったらアメリカへ行けるかもしれないという、国際結婚への夢を持っていた。C女は、売春婦になって白人の子供を産んで育てていたが、他の米軍人と付き合って結婚するつもりであり、彼から生活費を送ってもらっていた。ところが、途中でこの相手との連絡が途切れてしまい、国際結婚を断念した。彼女は貯めたお金で喫茶店を経営したが、最近になって交通事故で死亡した。売春婦たちにとっては、得意客を作って国際結婚を狙うか、金を稼いで、自分で商売をするための資本金を作るというのが、主な目的なのである。

私は、大邱市のキャンプ・ヘンリーやキャンプ・ワーカーの米軍基地の前で、国際結婚を扱っている店の看板を見たことがある。最近、韓国の上流階級の人々は、アメリカ文化に触れるために、米軍内のゴルフ場やレストランに通うのを好む人が多い。朝鮮戦争後には、白人と歩く女性は売春婦だと思われたが、最近は国際結婚も多くなっており、売春婦が米軍人と国際結婚をしたという例も多いようである。

韓国人社会では、女性は貞操をなくしたら結婚マーケットでは救われないという考えがある。そのため、売春婦たちにとっては、米軍人、あるいは西洋人が、自分たちにとっての理想的な結婚の相手となるのである。

売春婦たちは、米軍だけでなく、韓国軍の周辺にもいる。主に軍人たちが利用する汽車の駅を中心に、そうした「淪落街《りんらく》」が形成された。つい最近まで、ソウル駅と清涼里駅の周辺には売春婦が密集していた。だが、こうした売春は基地の周辺に限ったものではない。次章では、より一般的に売春が行われる現実として、「茶房」つまり喫茶店を利用した、韓国独自の売春システムに迫ってみたいと思っている。

韓国には、営利を目的とする性行為を防止する「淪落行為等防止法」があるが、一方で、売春の制度化によって社会全体の性的欲求を満足させようとする社会もある。つまり、程度の差はあれ、どのような社会にも、売春とその規制が存在しているわけである。

しかし、現代社会では、結婚や売春の概念も激しく変化し、売春のありようも変化している。結婚にも一種の「得意売春」のようなものもあれば、売春にも「愛人関係」と呼べるようなものがある。したがって売春を正確に定義することは難しい。

結婚と売春の区別が難しいというのは、単純な皮肉ではない。伝統的に東アジアでは妓娼制度があり、現代社会でも、表面的に取り締まってはいるものの、非公式には性産業は繁盛しているのである。

朝鮮戦争の当時も、駐屯地周辺の売春に対して、米軍のＭＰ（憲兵）が一応、取り締まったようだが、私の記憶では、村では一度も取り締まられたことはなかった。朝鮮戦争に参戦した米兵たちは、「帰休制度」などによって日本を経由しつつ、韓国にも日本にも「パンパン景気」

をもたらした。

一時的ではあるが村は経済的に豊かになり、西洋文化と接する機会も増えた。村の女性たちは売春婦たちの服装に相当影響されたし、男性は米軍の軍服を作業服にしていた。当時ライターは神秘的なものだったが、特に煙草を吸う老人は、米兵からライターをもらって喜んだ。

村に定着した売春婦

米軍の駐屯により、村は売春で繁盛した。米軍と村人は常に友好的に付き合い、米軍の移動に対しては反対もした。しばらく米軍の駐屯は続いたが、ついに、部隊が移動してしまった。村は貧困な農村に戻った。売春婦たちは村を離れて、部隊のあるところに移った。その後、村は以前の伝統的な農村に戻ったが、少数の売春婦がそのまま村に残った。

一人の女性は、三〇歳過ぎて売春婦としてこの村に入った。残念ながら、あまり器量が良くなかったので、なかなか米軍が相手にしてくれなかった。しかし彼女は、すぐに米兵の子供を妊娠してしまい、出産が近くなって売春もできなくなったころには、村人に依存せざるを得なくなった。

出産してからは売春はせず、この村で貧乏暮らしをしながら、その混血の男児を育てた。村人も、彼女が売春婦であるからといって、特に差別はしなかった。貧しい暮らしだったが、息子の成長だけが彼女の喜びと希望だった。だから彼女にとって、恥ずかしいなどということは二の次だった。

女性が産んだ白人米兵の子供は、村の小学校に通った。後に、アメリカから混血児を受け入れるという話があったが、母親が強く拒絶した。恥ずかしい過去であっても、母親の、子供に対する愛情に変わりはなかった。村人はこれに感動し、彼女を村の住民として受け入れた。

だが当時、売春村という現実の中にあって、私の母は、大きな決断をしなければならなかった。私をその村に置くべきか、外に出すべきか、そうした教育の問題に悩んだようである。母は、玉順という名の売春婦に部屋を貸したかったが、私がそれをどう感じるか、気になっていたようだった。そういう事情もあり、母は私をソウルへ転学させる決心をした。それは亡くなった父の遺志でもある。そこで、私をソウルの叔父のところへ頼んで、私をソウルの小学校四年に編入させた。

母は私をソウルへ転学させた後、いとこ夫婦が反対したにもかかわらず、玉順という女性に部屋を貸した。彼女は母を「オモニ（お母さん）」と呼んで、住み込みで売春をした。後に彼女は、自分の夫と子供を呼び寄せて、村に農民として定着した。

彼女は、村に三〇余名いた売春婦の中で一番の年上だった。彼女も、三〇歳を過ぎてから、売春婦としてソウルから村へ来て、村で間借りをして売春を始めた。彼女は、その家の主婦に家庭の事情を説明して、売春をせざるを得ない身の上を納得してもらっていた。そして、間借りをした家の人々と家族のように親しくなり、養女のように受け入れられていた。

売春婦としては、あまり長くできないことを知っていた彼女は、米軍部隊が移動して村を離れた時にはついて行かず、村に残る決心をした。そして、農地を買い、ソウルから夫を呼んで農家に転業したのである。

村人は、他人行儀に彼女を名前で呼ぶことをやめ、擬似親族の名称で呼ぶようになった。彼女は元売春婦でありながら、それぞれをよく知っている村人と共に、仲良く暮らしていた。悲惨な戦争を経験した同じ被害者どうし、という意識からであろうか、村人たちは戦争の悲惨さと恥をお互いに忘れようとした。

彼女が還暦を迎えた時には、村人たちが大勢集まってお祝いをし、亡くなった時には葬式も立派に出してあげた。誰も、彼女が売春婦だったことを言い出す者はなかった。

売春婦に部屋を貸して生きた人々は、外部の人間から見れば、恥も外聞もない連中と思われるかもしれない。だが、戦争は人を寛容にし、人に許す心を持たせることもある、ということが体験的に分かった。戦争が人を成熟させる、ということがあるのかもしれない。

四人の売春婦を出した家

私の父を頼りに、ある一家が朝鮮戦争勃発前に三八度線を越えて我が家に来たという話を、先に書いた。彼らは農地を少し買って、そのまま村に住むことになった。

この家の父親は、農作業がうまくできず、よく酒を飲んで酔っ払っており、いわば酒乱だった。しかし母親は、畑仕事も多少はしたが、ミシンを使って、主に裁縫で全家族の生計を立てていた。この母親は、村の他の女性に比べると、「新式」の女性だった。村人からは、開化された女性として、言い換えれば、少し変わった人だと思われていた。

先述した、共産主義者の青年と村内で恋愛したという女性（私の又いとこ）が、この家の長女である。恋人は人民軍とともに北朝鮮へ逃げ、彼女は韓国軍の取り締まりを受けて集団暴行された、というのは先に述べた通りである。

彼女の妹は二人いて、そのうちの一人、次女の明子《ミョンジャ》（一九三九年生まれ）は、米軍相手の慰安婦になった。売春と言っても、一人の米兵と独占的な関係を持つ、準結婚のような関係を持ち、ソウルで生活した。

その二人のあいだに男の混血児が生まれた。当時は国際結婚も少なく、白人米兵との混血児は売春婦だったことの証明のようなものとして、恥ずかしいことであった。それでも彼女は息子を手放さずに育てた。

米軍兵士の夫はアメリカに帰国したが、年に数回は、彼女の家を訪ねてきた。私は彼に一度会って、子供の教育に関して話をしたことがあった。彼女は夫からの支援で喫茶店を経営したが、車を購入したりして、当時としては良い生活ができた。しかし運転の不注意から交通事故で亡くなった。

彼女の息子は、混血児として差別されることから韓国社会が嫌になり、高校を卒業したあと、アメリカでの生活を夢見て、アメリカに渡った。しかし、英語がしゃべれないために適応することができず、韓国に戻ってきてキャバレーなど夜の世界で働いていたが、あるトラブルに巻き込まれて自殺した。

この子の母親、つまり明子の母親と、彼女の父の姉、つまり伯母も、売春婦になって後に村を追われているのである。

このうち、明子の母であるが、彼女は最初の夫を亡くし、五〇歳という年齢で売春婦になった。彼女は再婚し、新しい夫とのあいだに一人娘をもうけたが、その夫にも生活力がなく、彼女自身が生計を立てなければならなかったのである。

当時五〇歳の彼女は、年増の売春婦として、坡州の米軍キャンプの基地村では有名だった。そのうわさは、親族の耳にまで届いたが、親族は恥ずかしいと怒りつつ、親族上の序列が上となる彼女を、正面きって叱ることはできなかった。しかも、彼女の方も、「子供や家族のためには、他に方法がなかったのだ」と堂々としていた。結局、その一族からは、売春婦が四人も出たのである。

米軍がもたらしたアメリカ文化

私は一〇歳のころ、米軍のおかげで初めて、缶詰の食品やコーヒーを味わった。先にも触れたように、当時、村の女性は売春婦の服装に影響され、男性は米軍の軍服や軍帽のハットなどを作業服にしていた。ドラム缶は農機具とされた。首から下げる軍人の名札はネックレスに、台所では横文字の入った空き缶などが飾りとして使われた。

米軍の兵士たちは韓国の食器を欲しがった。韓国人が「おまる」に使っていた小さな壺に、米軍がビスケットを入れて使用しているのを見て、私たちは笑った。

村人は、さまざまな西洋文化と接するようになった。米軍の鉄カブトに長い棒を付けて水くみの容器としたり、軍用のテントを筵《むしろ》のように広げて、農作物を乾燥させたりしていた。ドラム缶は貯水用にも使われた。最初は軍服をそのまま着ている人も多かったが、やがて民間人の軍服着用が禁じられると、軍服にインクをかけて染めたりしていた。

だが、私の母は、こうした軍用のものを使わなかった。私は、軍からドラム缶を転がしながら運んできて、母からひどく叱責された覚えがある。他の家では、米軍からもらった缶詰の空き缶やケース、酒の空き瓶などを、食器に使ったり台所に飾ったりしていたが、母はいっさい使わなかった。そういうのは、品のないことだと言っていた。同じく、リンゴ箱の上に立ったり座ったりすることも、品のないことだと言っていた。

こうしたことは私に、遺伝子のように伝わっていると思う。だから私も、商品の包装やケースなどを家に飾るようなことは絶対にしない。母の父は、抗日運動の指導者だったと言っていたが、証拠はない。ただ、母の記憶だけである。

父の死と友人の裏切り

そのころ、私の父は消化器系の持病を持っていたが、ある時それが悪化して床に伏すと、一〇日くらいで亡くなってしまった。戦争中でもあり、伝染病かもしれないということで、葬式は簡略にするという知らせを出した。しかし、父と一番親しかった人は、葬儀に姿を見せなかった。母は、「私が死んで父が生きていたら、彼は必ず弔問に来たはずだ」と言っていた。「総理の家の犬が死んだら弔問客が多く、総理自身が死んだら弔問客が少ない」という、ことわざの通りである。

父はそれまで、親族や住民たちによく奉仕をしたが、亡くなると急に人々の態度が変わったと、母はとても残念がっていた。特に、父の友人が葬式に参加しなかったことに、裏切られたという感を持ったようだ。生前の父の温かい心に改めて尊敬の念がわくと共に、私は、彼らの心の貧しさを痛感した。そういう、心の貧しい村人が嫌だった。

こうして、私の母は夫を亡くし、周りの人々に失望した。このころの母にとっては、姉を結婚させるのが、さしあたって最も大切なことだった。姉は、先に言及した、家族八人が虐殺された家の、韓国軍将校と結婚した。しかし、軍人は家にいる時間が全くなく、ほどなく離婚した。母は非常に落胆した。私は、個人、家族、親族、さらに国家の無力さを強く感じた。

父が死んでも父の最も親しかった友人は顔を出さず、もう一人の友人は父からの借金を否定して返さない。母は人間に、友情に、大きく失望した。父がいなくなり、母と私は、近い親族にも裏切られた。それで、母はどんどん強くなった。私の教育に熱心になった。

もともと父は外出が多く、私との親しみがそれほどあったわけではない。だが、教育に関する教えは多く、力強かった。母には時々、私の教育について語っていたということを知った。財産よりも、教育して人格を作る、ということなどだった。父は、歌や踊りなど、芸能の才は全くなかった。酒は飲まなかったが、煙草は吸った。

父が家で、家族と一緒に寝るということは少なかった。それで、ある冬のことを思い出す。我が家の農具が置いてある場所に定期的にやってきて、そこで眠る乞食がいた。父よりも年上だった。気温がマイナスになる冬でも、そこで藁をかけて寝ていたのであるが、ある日、父が母と相談して、その乞食を部屋の中に寝かせることにした。

布団は、父母と私、三人用のものが一つしかないのに、彼をその中に入れたのである。次の日は当然、シラミ騒動が起こった。父はなぜ、そんなことをしたのだろう。しばらく後になって、それは父親からの私への教育的なメッセージだったのだと分かった。父はこの一件で、私に大きな教訓を残してくれたのである。

首都ソウルへの転学

米兵たちを性病から守るために、米軍ではコンドームを大量にストックしている。雨が降ると村では、コンドームがあちらこちらから流れてくる。私はそのコンドームに水を入れて遊んだりした。後述する、ソウルにあった私の叔父の家では、それをどこかで安く仕入れてきて、カミソリで細長く切ってゴムの紐を作り、靴下の足首部分に編み込んで商売をしていた。それで、それまで何か性的に不道徳なものに見えていたコンドームも、平気になってしまった。

私は、村の小学校で四年生を終えたが、戦争で一年間、学校に行けず、ソウルの小学校四年生に、学期の終わりに近い時期に転校した。

それは冬のことだった。隣に住む親族のお爺さんに連れられて二〇キロほど歩いたあと、汽車に乗ってソウルへ向かうことになっていた。だが、一〇キロほど行った地点で、雪道でお爺さんがすべって転倒してしまい、そのまま歩き続けることが困難な状況になった。その時、我が家が懇意にしているシャーマンの家が見えた。私は、母に連れられて来た覚えがあったので、その家を訪ねた。シャーマンの趙英子氏は、暖かい部屋でお爺さんを看病してくれた。

翌日、私はソウル駅の裏側、中林洞にある警察官舎に到着した。そこには、多くの親族が集まって住んでいた。そのソウルの親族のうち、警察官をしている叔父が、生活費は母が負担するという条件で、私を引き受けてくれることになっていた。

この警察官の叔父はハンサムな人で、日本統治時代から警察官をしていたが、彼を親日だと思った人は、誰ひとりいなかった。むしろ我が親族では、首都ソウル在住の、力を持っている人物として尊敬されていた。農村における警察官は、うらやましい職業の一つだった。

そのあたりの住宅街は、銭湯など、日本統治時代のままだった。ただ、日本時代の都市ガスは切れており、水道管も故障していて、そこから水が漏れて坂道が凍っていた。だが、子供たちがすべって遊ぶには好都合だった。ただ、その坂道で停まっていたトラックのブレーキが緩んで、いとこがひかれて亡くなったことを、昨日のことのように覚えている。

こうしてソウルに転学した私は、疎外感やホームシックなどで、たびたび泣いた。特に、母が米などを頭に載せて来て帰ったあとは、トイレの中でタオルを顔につけて、外に声が漏れないようにして長く泣いた。

私が世話になったその家では、内職で靴下を織っていた。私も、靴下の足首のところに、例のコンドームを加工した細いゴム紐を入れるのを手伝った。この紐は、洗濯物を叩く棒にコンドームを重ねてかぶせ、その上に細いコイルを螺旋《らせん》状に巻き、カミソリで切って紐を作る。それを、糸と一緒に織るのである。当時、村では軍人の軍服や鉄カブト、シャベルなどを農機具として利用していたが、首都ソウルでは、コンドームをこんなふうに精緻に利用するのだと、妙に感心した覚えがある。

私が中学校へ入学すると、母も農地などを売り払ってソウルに引っ越してきた。

ちなみにこの叔父は、警察官を退職したあとに、運転免許を偽造した罪で有罪となり、刑務所に入ることになった。私は、面会にも行った。その時に見た叔父は、若いころのハンサムな風貌とは、似ても似つかない容貌になっていた。犯罪者となってしまったことで、家族も失ってしまい、しばらく一人暮らしを続けたが、のちに亡くなった。だが、私にとっては、転校を受け入れてくれた恩人だった。

板門店「観光」ツアー

一九五〇年六月二五日に朝鮮戦争が始まって、旧来の三八度線は無用のものになり、一九五三年七月二七日の休戦により「休戦線」に変わった。そして、その休戦線は「死線」とも呼ばれるほど、休戦線一帯の地域は、敵対意識の強い緊張の地となった。

その地域の中にある「板門店」は、緊張の接点として世界的に知られるようになった。ここでは一九五一年一〇月から一九五三年七月まで、国連軍側と朝鮮人民軍・中国軍側とが休戦会談を行い、現在も連絡会談、南北対話などが行われている場所である。

板門店は、ソウル北方四八キロの地点にある。この区域は、敵対する軍隊が「共占共有」する地域であり、それは世界唯一のものと言われる。一九七六年の北朝鮮軍兵士による「斧振り事件（ポプラ事件）」以後、警備だけは分離するようになった。

中立国停戦監視委員会の本部が設置されており、スウェーデン、スイス、チェコスロバキア（当時）、ポーランドからの監視委員が常駐していた。朝鮮戦争の後、この休戦線で、南北朝鮮は厳しく対峙することとなった。

東西一五五マイルの休戦線は鉄製の柵《さく》、そこに地雷を埋めたトリガー線の網をかけており、柵の付近には、足跡の確認用の砂をまいている。この線を越えることは、殺されることを意味する。二〇〇八年七月には、金剛山を観光していた五二歳の女性が、その線を越えたということで銃殺された。

地雷の糸で編まれた境界線、その休戦線は国境ではなく、そのまま戦線とも言える。この戦線をまたいで南北が対峙し、いつ戦争が再発するかも分からない。その唯一の窓口が、板門店である。我が故郷からも、それほど遠くない。韓国では、南北会談などの「報道」によって知るのみであり、いまだに自由に行ける所ではない。

それが今は、悲惨な戦争と敵対する緊張を売る、「観光地」になっている。しかも、韓国における名物ツアーとなっており、観光客も多い。しかし、このツアーには外国人しか参加できない。したがって、「外国人向けの観光」として人気のある商品なのである。特に、日本人に人気があるそうだ。

とはいえ、美しい景色や歴史的な文化遺産があるわけではなく、ただ単に「南北の緊張」を売る観光とは、なんとも皮肉なことである。私も日本居住者としてこのツアーに参加したが、日本人たちと一緒に乗ったバスで、国籍が当時韓国籍だからということで断られたこともある。

ソウルから高速道路で北上してこの地域を走ると、「道をそれると」「スピードを出し過ぎると」など、「何々をすれば死ぬ」という標語が頻繁に現れる。この標語は、休戦線を警戒している軍人のためのものである。

私は、北へ向かうバスの中で、ガイドから「三八度線」が「休戦線」に変わるまでの歴史を聞いた。一九五三年七月二七日、朝鮮戦争の休戦により新たに作られたのが「休戦線」であり、第二次大戦で南北に分割された際の「三八度線」とは異なる。この二つを混同してはいけない。

この軍事境界線を中心に、南北に二キロずつの非武装中立地帯（DMZ）を持つ。DMZは、軍事的な衝突を防止するための、相互に一定の間隔を維持した緩衝地帯であり、この地域では、新たな軍隊の駐留や武器の配置、軍事施設の設置が禁止されている。

バスの車内で、ガイドは服装に関する規定を説明した。袖なしのシャツ、作業服、迷彩柄の服、あらゆる種類のジーンズ、半ズボン、ミニスカート、背中が見えるドレス、へその見える服、肌が透けて見えるような服、シャワー用のスリッパなどは駄目である。また、カメラは絶対にバッグから出さないようになど、細かい注意事項が述べられた。

長いあいだ韓国の軍事独裁政権は、南北の緊張関係を政治に利用して国民の一致団結を叫び、政治生命を延長してきた。私は朝鮮戦争のつらい記憶を多く持っており、こうして南北が敵対することには、常に不安を持っている。

私は、朝鮮戦争から大きな教訓を得た。それはやはり、「平和」への価値認識である。日本には、不戦を決意した平和憲法が与えられた。そして、戦後七〇年間にわたって、平和を守っている。それは日本だけのことではなく、近隣アジアはもちろん、世界への大きなメッセージである。連合国は戦後も占領地を永久的に支配することができたはずであるが、そうした地域を解放・独立させ、援助してくれたことには感謝すべきであろう。

そんな中、そうした帝国主義や冷戦構造が崩壊しているのに、まだ大国主義で小さな無人島を占領し、領土拡大のきっかけにしようとする国もある。

朝鮮戦争の結果、傷痍軍人、南北の離散家族、孤児、混血児などの問題が起きた。この傷痍軍人は、乞食のように村を回りながら、戦争で国のために負傷したことを理由に暴れたりして、人々にとっては怖ろしい存在だった。

また、朝鮮の一千万離散家族は、南北の分断による悲劇を象徴する。朝鮮戦争は「南北統一のための戦争」だったというのに、結果としては南北がさらに敵対関係になり、世界で最も緊張の強い、同民族間の関係になってしまったのである。

バスは、バリケードとなる建造物をくぐった。ガイドの説明によると、国道に数か所あるブロックでできた水門のような門は、北の軍隊に攻め込まれたときに落として、道をふさぐ役割をするということである。

ほとんど人家がなくなるあたり、かつては北朝鮮を通って中国、さらに先へと続いていたが、今では終着駅となっている文山駅を、右手に見つつ進んでいく。臨津江を渡る橋に到着する。ここから先は、いよいよ非武装地帯に近づいていく。

このあたりでは、韓国軍従軍記者の追悼碑、肉弾十勇士の忠魂碑などを見学した。やがて、民間人統制区域の前の、臨津閣に着く。この臨津閣で国連軍によるセキュリティ・チェックが

板門店・内部の様子

あり、数分後に臨津江の自由の橋を渡って板門店へ。戦車やジープ、「地雷危険」の看板、機関銃を持った兵士など、ものものしい。そのあと数分で、板門店の国連軍キャンプに到着する。

韓国軍憲兵は境界線付近および南北議会所では、直立不動の姿勢のまま少しも動かず、表情も変えない。我々はまだ戦争を行っているのだと、実感させられる。日本では決して味わえない緊迫感がある。

以前、北の板門店ツアーからソ連人の青年が突然南に向かって走りだし、亡命をしたという事件があり、それ以来、観光客には厳しい制限があるという。

そのようなこともあり、このツアーでは「何が起きても国連に責任を問いません」といった内容の誓約書にサインをさせられる。

我々ツアー一行は国連軍のキャンプに到着し、昼食をとり、スライドを見て、先ほどの誓約書にサインをした。ここからは、国連軍の兵士がバスに同乗

板門店・外部の様子

して、解説と護衛をしてくれる。

北側の監視塔が見えた。北側には「板門閣」という大きな建物があり、兵士が立っていた。

休戦ライン上に建てられた五つの会議場の一つで、韓国側が管理している建物に入っていく。ここでは北側に足を踏み入れることができる。

次いで、板門店が一望できる高台へとのぼっていく。そして、「帰らざる橋」の手前まで進んで、引き返してきた。この橋は名前の通り、一度渡ると二度と帰ることができないという橋である。

停戦委員会の本会議場内、テーブルを挟んで左側は国連軍、右側は朝鮮人民軍である。

私たちのツアーは、このあとも続いた。

第三章　現代韓国の「喫茶店売春」

茶房を利用した売春システム

韓国・全羅南道の島々を歩いた時、多くの「茶房（喫茶店）」の入り口に、「当店ではチケットをお断りしています」と書いた貼り紙があった。「チケット」とは何だろう。

韓国では、映画『チケット』（林權澤《イム・グオンテク》監督）によって、一般にもよく知られているという。映画のストーリーは、以下のようなものである。

かつては反体制文人の妻だったジスク（金芝美《キム・ジミ》）は、身を持ち崩し、江原道の港町に三人のアガシ（韓国語で未婚の女性を指す）を連れて来て、喫茶店（チケット茶房）を経営している。そのうちの一人、初めてアガシ生活（つまり売春）をするセヨン（全世永《チヨン・セヨン》）は、客の要求を断ってマダムのジスクに叱られる。セヨンは、大学生の恋人であるミンスの学費を稼ぐために売春を続けるが、そうした中で、パク船長と親密になる。このパク船長との関係や、性病になった上に妊娠までしているということを知ったミンスが、セヨンに絶交を宣言し、二人は破局する。それを知ったマダムのジスクは、ミンスを説得しようとして断られたため、彼を殺そうとして海に沈める。ついにジスクは精神を病み、施設に収容されてしまう。

映画「チケット」（監督・林權澤）

私は、こうした茶房に頻繁に通ったことがあったが、そこで売春が行われているということは、全く知らなかった。農村や漁村で現地調査をする際に必ず寄るところが茶房であったが、韓国では、都会・田舎を問わず、茶房は社交の場、憩いの場として重要であり、なじみ客ともなれば、一日に数回、足を運ぶことも、まれではない。

そして、お得意さんになると、さらに融通がきくようになるため、自分の行きつけの茶房を決めているという人も少なくない。

だが私は、初めて、そこで行われる売春というものを知ったのである。それを契機に、この茶房というシステムの特徴や機能に、関心を持つようになった。

コーヒーを出前するアガシ（本文とは関係ありません）

茶房は一九六〇年代以降、顔役の女性であるマダム、若い女性のウェートレスであるアガシ、そしてコックの男性、という経営システムが定着して大型化し、急増してきた。一九五五年には二八六か所、一九六〇年には一〇四一か所、一九七七年には三三五九か所となっている。

たいていの場合、一人のマダムが経営し、アガシが二人ほどいて、原付オートバイで配達する男性が一人、コックの男性が一人というメンバーで営業するシステムであった。

茶房には、チマチョゴリ姿のマダムがいて、店で働く若いアガシを管理するのは、このマダムである。マダムは、アガシたちの姉のように、化粧の方法、勤務する時間、接客のしかたなどの指導をする。しかし、マダムの主要な役割は、客の管理である。

コーヒーを配達した先で売春して来る女性たちが、お金にこだわる理由は一つ、家族を養わなければならないからである。

配達の注文は、官庁の事務室、旅館、食堂、個人の家庭まで、多様である。私は、そうしたことを調べる中で、茶房に「チケット」というシステムがあることを知った。このシステムは原則として秘密であり、かなりの得意客にならないと知らされないという。一方、通常の出前については、一定の得意関係を持っておらず、どこからでも、注文があれば応じる。

ある時、私が、インタビュー調査のために働くアガシと長く話をしたいと申し出たところ、マダムから、「ボン」という隠語で通じる「チケット」というシステムがあるから、それを使いなさいと教えられた。

そこで私は初めて、その存在を知ることができたのである。つまりこれは、時間あたりでアガシを専有することができるシステムであり、客が、気に入ったアガシやマダムを専有したい時には、こうしたチケットを買えばよいということなのである。

現地の調査ではチームを作ってインタビューを開始した。以下にその内容を採録する。


チケットの利用は、朝八時から夜九時までのあいだ、値段は茶房ごとに多少の差はあるが、二時間単位で二万ウォン（日本円で約二千円。ただしこれは、調査を行った一九八〇年代の価格）の料金を出すとできるという。

客からチケットの注文があると、マダムは時間などの条件を考慮して可否を返事し、OKの場合には時間あたりの値段を教えてくれるという。特に夜間は、食堂や飲み屋へのチケット派遣が多く、酔っ払った客の相手は大変だという。

こうした食堂では、人件費が高いので店には独自のアガシ（ウェートレス）は置かず、もっぱら茶房のアガシを利用するのだという。

チケットの注文があると、アガシは自分の意志とは関係なく、システムとして行かざるを得ない。この時、アガシは「ボン」というドリンク剤（二千ウォン＝二百円のもの五個）を持って行く。客は、気に入ったマダムやアガシと一緒に過ごすことができる。この、ドリンク剤の「ボン」が、先ほどの隠語の語源らしい。

マダムは、経営は大変だと言う。アガシは時々、前金だけを持って逃げたりするので、それも困ると言っていた。こうした茶房の一日の売り上げは、ようやく二五万ウォンというところである。売り上げの割合は、ホール（店内）が三〇～四〇％、出前が五〇％、チケットが二〇％という。

チケットの売り上げは全てマダムに支払われ、アガシはそこから月給としてもらう。しかしアガシは、このチケット制度を利用して、個人的に金を儲けることができる。つまり、お客から直接「風呂代」（花代＝売春代）としてもらう「チップ」が、大きな金額になるのである。それは、茶房とは関係なく、完全に個人の能力によるものである。

客の中には、特別いやらしいことをしたり、無理なことを要求したりする人もいるが、その時は、その内容に応じた風呂代をもらうか、あるいは拒絶することもできる。

また、売春行為をしたのに金をくれない人などもいて、いくら困ったといっても、売春は法律上、違法であるため、告発することもできず、こうした時は泣き寝入りするしかないという。もちろん、客がコーヒー代のツケを払わないときには告発できる。

茶房の経営の難しい点は、他店との競争にある。近隣の茶房に客を奪われないようなサービスをすること、そして得意客を多く確保すること。さらに難しいのは、得意客がツケ払いではなく、その場で会計を済ます「現金商売」にしないと、商売にならないということである。

そして何より商売を繁栄させるためには、コーヒーを出前する範囲を拡大していかなければならない。原付バイクを運転する男性は、アガシを乗せて走り回り、出前を効率的にする。場合によってはアガシ自身がオートバイに乗って出前に走るという光景も、都市部ではめずらしくない。原付バイクの登場は、商圏の拡大を意味した。

アガシを採用する際には、経営者は給料の一割にあたる紹介料を職業紹介所に支払い、アガシには一か月分の給料を先払いして連れてくる。アガシの給料は、住み込みで月一二〇万ウォンであるから、紹介所には一二万ウォンの紹介料を支払う。この給料だけでも、大学教員の初任給より、やや高いくらいで、ここに住食を含めると、かなりの高給であると言える。

評判の良いマダムには当然、多くの客がつく。それもあって、自分の行きつけの茶房を定めているという者も少なくない。地方の都市では、茶房ごとに出入りする客の顔ぶれも、だいたい決まっている。

R茶房は、一日あたり一三〇か所に出前するという。男性が運転する原付バイクの後ろに、アガシがコーヒーポットとカップを持って同乗する。なるべく多く回るために、何か所か近いところへまとめて配達し、コーヒーを客に出しておいて、客がそれを飲むあいだに他のところへ配達し、そこから逆順にカップを回収して帰る。

T茶房は、官庁街で営業する九か所の茶房の中では、比較的従業員の待遇が良いと言われている。マダムの給料は一五〇万ウォン、アガシは一四〇万ウォン。原付バイクの配達員は置かず、アガシが遠くまで出前に行くことはないため、近いところを自分で歩いて出前する。この茶房にも「当店ではチケットお断り」と貼り紙があったが、一時間あたりのボン代（チケット代）一万ウォンによる売り上げが、二〇～三〇%を占めるという。

この店で働くG女（二九歳）は、アガシになって二年で、光州の職業紹介所を通して一四〇万ウォンを先払いとしてもらって、この茶房に来た。

茶房の経営者は、紹介料として二〇万ウォンをプラスした合計一六〇万ウォンを紹介所に支払い、さらに彼女が前借りを要求したので五〇〇万ウォンを貸し金とした。これは、アガシの人数が少ないので経営者が彼女の要求に応じたものであり、少しでも長く働いてもらうための保証金でもある。

しかし、いろいろな事情から、こうした仕事は長く続かないのが常である。もしも短期間で辞めるときは、その借金分を、新しく雇い入れる側で負担するようになっているという。

大都市圏、例えばソウル市の茶房では、朝九時出勤～夜一〇時退勤、そこに非番としての休日、というシステムであるが、アガシの給料は八五万ウォン程度にしかならない。それで、田舎であっても給料が高いところに勤めることになるのだが、その分、大変なこともあるという。例えば、六か月ごとに性病検査などの健康診断を受けなければ証明書をもらえず、それがないと営業ができない、といったことである。

K女（三一歳）は、本名の姓はKであるので最初はそのKを使ったが、前の店ではHを、ここT茶房ではMを使用する。この世界では、本姓を使う人はほぼいないが、たいてい、下の名前はそのまま使う。

一回使い始めた姓はずっと使うが、茶房に同じ姓の人がいる時と、失恋した時は変える。同じ姓の人がいる場合は、新しく来た方が他の姓に変えて使うという。しかし姓名全部を、つまり姓と名前を全部、別名に変えて使う人は、ほとんどいないそうだ。

初めてアガシとして茶房に来る人は、だいたい飲み屋から流れてくる。田舎の家出娘や素行不良の女性は、まず飲み屋に勤めるが、多少とも世間体の良い仕事を見つけるために茶房に移るという。なぜなら、飲み屋に比べると茶房は昼の仕事でもあり、客から正常な付き合いを求められれば、結婚できる可能性もあるからである。つまり茶房は、結婚相談所のいらない、良い縁組みの場であるという。

そのため、それぞれの茶房には、その茶房で結婚相手を見つけて「成功した」例が、神話のように伝わっている。先日も、この茶房のアガシが金持ちのやさしい男性と結婚したそうだ。彼は奥さんが浮気をして家を出たので、家事や子守りのできる人を茶房で見つけ、彼女と結婚して幸福に暮らしているのだという。

なお、マダムのA女（三〇歳）は、最後まで本姓を言わなかった。マダムらしい、非常に警戒心の強い女性である。彼女は珍島で茶房を三年間やって、それからここに来た。この茶房はおとなしい客ばかりなので、この店を選んだと答えた。彼女は、茶房についての質問や撮影については固く断りながらも、それなりに情報を提供してくれた。

ここで、「茶房からコーヒーの出前をする」という特徴について考えてみよう。これはもともと、コーヒーの出前というよりも、女性を派遣する意味合いの方が強かった。

韓国では、料理屋の出前はあまり行わないのが普通である。農民が弁当を仕事場まで持っていって食べることはあっても、食堂の出前はない。今では街の中華料理屋が配達を行っているが、他の食堂や、飲み屋の配達は全くないと言っていい。つまり、このような状況でコーヒーだけが出前になったというのは、かなりの例外なのである。

こうしたコーヒーの出前は、中世の中東でもさかんだったと言われている。ハトックス著『コーヒーとコーヒーハウス』には、次のように書いてある。

中世の中東のコーヒーショップは「本質的に『出前』の店だったから、市場で商売する人の便宜を考えて、たいていは商業地区にあった。店は、ほんの小部屋ぐらいのものしかなかった。

そこでコーヒーを入れると使用人に手渡され、彼は市場に並ぶさまざまな店にコーヒーを運んでいった。こうして商人たちは客をもてなし、一服したのである。中東のどんな場所でも、市場や事務所にいたことのある人はよく知っているが、その習慣は今でも生きている。若い男や少年たち、コーヒー店の使用人や使い走りが、カップと一人用サイズのポットをのせた盆を持って、通りや裏道を走り抜けていくのを目にすることは珍しいことではない」（ラルフ・S・ハトックス著、斎藤富美子・田村愛理訳『コーヒーとコーヒーハウス』同文舘出版、一九九三年）

茶房のアガシも、システムとしては「客へのサービス」という名目を持っており、必ずしも売春が強要されているわけではない。それは全く「アガシ個人の意志によるもの」なのである。しかし結局のところ、それが売春につながっているのが実情である。

韓国において本格的な茶房（喫茶店）の営業が始まったのは、日本の統治時代だった。韓末の開化期において西洋の外交員によって持ち込まれたコーヒー（珈琲茶、加比茶、洋湯）と紅茶は、上流社会に広がった。まず、仁川のホテルに付属する茶房で売られたのが最初であり、首都ソウルでは、一九〇二年にできたドイツ系ロシア人によるホテル式の茶房が最初だったという。

ではもう少し、現地調査で聞いた話を続ける。

先述したように、結婚を狙い、結婚を望むアガシは多い。しかし良い相手は少ない。ここで言う良い相手とは、金持ちで、しかもやさしい人である。

できれば農村には行きたくない。商人がいい。結婚は彼女たちの夢である。実際、幸せな結婚生活を手に入れた人もいる。しかし、概してアガシの結婚は難しい。良い相手が見つかったとしても、相手の周囲が反対したりして、うまくいく率は非常に低い。

K女というアガシは、全羅南道のある島でアガシとして一〇か月勤めた後、長興、霊岩、求礼、珍島などを経て、今は冠山に来ている。彼女は光州の職業紹介所を通して移動するという。光州には職業紹介所が七か所ほどあるが、彼女は一つの所だけを利用する。

昔は、茶房から茶房へ移るのは、化粧品売りのおばさんに頼ったが、今はほとんどといってもいいくらい、職業紹介所を利用する。とはいえ、一般的には、茶房のアガシがコーヒーポットを持って歩くのを蔑視する傾向がある。

ある人は、夫の暴力のために離婚して茶房に入り、養育費を月三〇万ウォンずつ払って子供を人に預け、育てているという。

長年の経験を積み、能力がある人はマダムになれるが、マダムは責任のある難しい仕事でもあるので、三〇歳を過ぎても、そのままアガシを続ける人も多いという。K女も、もうマダムになってもいい年齢なのに、アガシのまま働いている。だが、彼女は結婚はしたくないという。なぜなら、男はみんな浮気者で二重人格者だから。男は、いくらおとなしそうに見えても、いつかは動物のようになるという。

この茶房に来る客の七割くらいが老人の男性であり、彼らの多くがアガシに触りたがる。

こうした客の話は、どこから来たか、何歳か、などといった決まり文句が多いので、つまらない。若い客はそんな人が少ないし、正直であるから良い客だという。女性の客は男性と一緒に来たり、女性どうしで来たりすることはあるが、一人で来る人はいない。

いちばん良い客は、人を多く連れて来て、静かに話をして、短時間で帰る人であり、その逆は困る。

例えば、一人で来て長く居座り、アガシ相手にわずらわしいことをする人である。アガシに対して乱暴な言葉を使う人もいるが、人のいい客は、口が悪くても悪い感じはしない。言葉はおとなしくても、卑怯な人は嫌いだという。

小さい町では、経営者との人間関係から男性たちが人との約束場所として利用したり、多くの人を連れて来たりすることもある。複数の茶房に顔を出して利用する人もいる。

アガシは、なるべく売り上げが良くなるように頑張る。給料は決まっているが、売り上げが良いと、やはり働きがいがあるからである。しかし、難しいことが多い仕事だ。

K女には、つらい経験が多い。ここは港が近いため、特に乱暴な人が多く、口と手が荒く、店でアガシの体に触りたがる人も多い。チケットを買えば何をしてもよいと思う客もいて、性交を強要したりする。

ある日、二七歳の男が一人でチケットを買ったので、注意して様子を見ていたら、スイカに焼酎を入れ、それを飲ませて暴行しようとした。断って茶房に帰ったら、その男が怒って茶房に電話をしてきて、マダムに「お前のところの従業員がよくない」と文句を言った。そういう時にアガシをかばうのが、マダムの職業上のしきたりだという。そして、マダムの実力を試される時でもあるので(そういう時に、マダムの経験がものを言う)すごい悪口でやり返して、その場を収めてしまう。

お客様が神様なのではなく、アガシが女王様のようだと言われることもあるが、たまに仕事がなく家に帰った時には(親にはもちろん、工場の休暇だと嘘をつく)、緊張が解けて、まる二四時間、眠り続けてしまったりする。休みの日には、茶房で出会った人と個人的に会ったり、仲間うちの集まりに参加したりすることもある。

先にも述べたが、ひと口に「売春」と言っても、不特定多数を相手にするものから、相手を一人に定めた愛人関係のようなものまで、いろいろな形態がある。

浮気、姦通といった言葉が持つ意味も、時代の流れによって変化し、結婚と売春の区別が難しい場合もある。非公式なものでありながら、基本的に、セックス産業は繁盛している。そうした中で、なぜ売春だけが悪いのか。

一般的に、セックスを売るということに対しては反対意見が多い。だがその一方で、セックスを労働や商品として考えようとする意見もある。セックス自体は犯罪ではない。

複数の男性にセックスを売る売春婦はいけないと言うが、家庭の主婦も、見ようによっては、一人の男性（夫）にセックスを売っているのと言えるのではないか、という意見もある。

清潔と汚れ、倫理と不倫、家庭の性と婚外の性、貧困と差別、犠牲者なのか労働者なのか。

こういった多面的な視野から、売春というものを考えていく必要があると思う。

第四章　日本の統治と韓国のセマウル運動

韓国における独裁と自由

朝鮮戦争が一九五三年に終わって、一九五九年、私はソウル大学に入学した。そこで私は、社会革命をテーマとした文学や評論に興味を持った。当時は李承晩大統領の独裁に対する反政府デモが頻繁に起きていた。人々は独裁への抵抗感を持っていた。

私は、大学一年生の時に読んだエーリッヒ・フロムの『自由からの逃走』を読んで、彼の言う「自由のない国」が、当時の独裁国家・韓国と似ていると思った。自由の価値を知らない人には、自由を与えてもうまく成し遂げることができず、暴力を招くという内容である。つまり、後進国では自由があってもそれを享受できないという内容だった。

当時はソウル大学が中心になって学生デモが起こり、青瓦台つまり大統領府の面前で、一〇〇余名もの人々が殺された。一九六〇年四月一九日に起きた学生革命（四月革命）である。

だが、李承晩政権が倒れたことに対して、一般大衆は理解をしてくれなかった。李承晩大統領が降りたことで社会が混乱し、北朝鮮が再び侵入してくるのではないかと、民衆は不安に思っていたのである。

私は、中学・高校時代には文学少年だったが、大学時代には文学・文明の評論家を目指した。それは、文学創作の作家から、読む評論家への転向だった。大学一年生の時から「ソウル大学新聞」に『西部戦線 異状なし』『チャタレー夫人の恋人』などの評論を掲載した。文学から文明へと広げるために、T・S・エリオットの長詩『荒地』を愛読し、心理学や民俗学へも関心を広げていった。それが、私の人生を深める転機でもあった。

そのころソウル大学が、学生を中心にした啓蒙隊というものを作った。私は、その啓蒙運動に参加してハードなスケジュールで働いたために体調を崩し、結核の末期と診断された。

私は、死の直前まで行った気がした。大学を休学し、静養のために故郷に戻った。いとこたちに援助を求めたが、無理だった。結局、精神病者と一緒に隔離され、そこで暮らすことになった。

その後、社会運動はしなかった。当時の韓国では、社会運動とは刑務所の経歴を持つこととイコールであったが、私にはそれがない。その代わりに、著述で社会への参与をしたかった。

その後、一九六〇年代には、朴正熙が軍事クーデターで政権を取った。ソウル大学の師範大学の改革が行われ、それに対する緊急集会があった。それは、軍事的な改革に反対する集会だったため、門の外には軍用ジープが駐車していた。

尹泰林、鄭範謨、鄭秉祚の、三人の教授が講演した。詳しくその方たちの話を記憶してはいないが、この講演会における〈民主主義か独裁か〉という発言を覚えている。これは「東亜日報」でも大きく報道された。

また尹先生は、国民教育憲章を非難する随筆を東亜日報に掲載した。先生の著書『韓国人の性格』（一九六五年）は、日本でも『韓国人』（高麗書林、一九九二年）として出版されている。

先生は、一九六三年に文教部次官に抜擢された。京城帝国大学を卒業して、黄海道・金川郡守、ソウル地方検察庁検事、その後は弁護士として過ごした後、ソウル大学師範大学教授および学長、文部次官、淑明女子大学総長、延世大学教育大学院長、慶南大学総長、淑明女子大学理事長などを歴任し、一四冊の著書がある。彼は正直であることを強調して、老子の三つの教えである「同情心、質素、謙遜」を生活信条としていた。また、「負けることが勝つということ」であると言った。

一九七四年からは、慶南大学の総長をしておられたが、私は先生が総長をしておられた慶南大学に、一九七七年に赴任した。それは大きな学縁からだった。だが、私が日本から大学赴任のために到着した時、尹先生が運動場の壇上に立って、査閲台で学生たちの軍事訓練の挙手敬礼を受けられるのを見た時、やはり日本で報道されていたように、韓国は軍国主義国家になったのだということを知り、怖ろしいと思った。

これは、私にとっては、大きな衝撃だった。私は、日本での五年間で、平和な日本の社会というものに慣れてしまっていたのである。あの反骨精神の尹先生も、軍国主義の軍事教育の責任者として染まってしまったのだと、思わず涙ぐんだ。私にはそれが、とても皮肉な光景に見えたのである。

大学では長いあいだ学生デモが続き、休校を繰り返していた。ある日私は、李杜鉉先生の研究室で続けられている読書会に参加しようと大学の正門を通過しようとしたところ、守衛室で呼び止められ、通行の許可を取らなければならなかった。

ソウル大学師範大学はソウルの東部にあったが、ある日、交通規制があり、それは朴正熙大統領が陸軍士官学校へ向かって走る車列のためだった。その時、ある大学の学生が、運動場の塀の内側から外を走る大統領の車に石を投げた。朴氏はすぐに下車して大学の守衛のところに行き、学長室はどこかと尋ねた。そして黙々と歩いて行き、李鍾洙学長に対して「学生教育を正しくしろ」と注意を与えた。もちろん李学長は、後に解任された。

高校教員時代のつらい思い出

私は大学を卒業し、京畿道・平沢安仲にある安一商業高等学校で、国語の担当教師として一九六四年七月から一九六六年五月まで、教鞭をとっていた。高校の授業準備はもちろん大変だったが、甘受するほかはなかった。そのうち英語教師が突然辞職して欠員になって、私が国語のほかに英語も担当することになった。さらに、英語教員が並行して担当していたタイピングの授業も担当しなければならなくなった。商業学校なのでそのような科目が多くあるということを、自ら納得して引き受けた。また、マイクなど音響設備の担当もすることになった。どれも、私にとっては新しく難しいが、一方で新鮮ではあった。

そのうち、英語の講読では、学生に精確な発音で読んであげることができず、発音記号を見て暗記するしかなかったが、なんとかこなせた。しかし、タイピングの授業は全く新しく、タイプライターに触ったのもこの時が初めてであった。だが、できないとは言えなかった。

古い英字タイプライターを学校に多く寄贈した米軍部隊から、米軍将校がたびたび学校を訪問してきた。そのつど、英語の教員である私が校長に通訳をしなければならなかった。そしてそのたびに、米軍キャンプで使ったことがある程度の、私の「ブロークン・イングリッシュ」で恥をかかなければならなかった。

そのうち、ある米軍将校から個人授業を受けて英会話を学ぶことになり、タイピングの教材を暗記して、字盤を習う練習もした。この時、英字タイプライターの字盤は合理的に配置されているということが、ようやく分かった。左の小指ではA、薬指ではEとDなどが頻繁に使えるように配置されており、このような配置を覚えると、早く打てるし、字盤を見ずに指で暗記して打てるということが分かった。

学校の宿直室に泊まり込みながら、教材の通りに一晩に何十回、何百回と打つ練習をした。そして、タイプライターの教員として、堂々と学生の前に立った。

今の私の年齢、世代では、タイピングやインターネットとは縁がないという人々の方が多いだろうが、私がいつも字盤から手を離さないということが可能になったのは、その時の経験があったからである。それは、当時困惑していた私の体験が与えてくれたプレゼントだった。私がそうやって英字タイピングを教えているあいだに、ハングルのタイプライターというものが出てきた。まもなく私は、このハングル・タイプライターを購入して、学生たちに教えながら自らも完全に体得した。だがそのような期間も長く続かないうちに、私はこの学校を離れることになった。

地方の学校の勤務では、冠婚葬祭などを通じた学生の父兄や村民との関わりが深いということに驚いた。学生の父兄との関係から、しばしば彼らの知り合いの村人から会食に招待されることがあった。教員たちは、こうした行事に義務的に参加しなければならない。私はまず酒が飲めず、歌ったり踊ったりすることも苦手だったので嫌だったが、それよりも、多忙でそのような時間が全く取れず、参加したくてもできなかったというのが実情であった。その結果、私は他の教員たちから疎外されていくことになった。

私は、結核で長いあいだ闘病生活をして、ようやく生き残った者として、慎重に健康に気をつけながら、多くの日々を宿直室で、大学院の受講準備、国語、英語、タイプライター授業の準備などをして過ごした。そのほかには、本を読むことが、余暇を過ごす時間の全部だった。

ある夜、学校の音響設備を全て盗まれたことがあって、私は担当者として責任を問われた。

だが、その夜は、警察署長と校長がマージャンをするために私に宿直室をあけてくれと言い、私はその場にいなかったのである。ちょうどその晩に盗難が起こり、本来は私が責任を問われるはずだったが、学校側が内密に処理してくれ、ほっとした。

そんな困惑の時代も、私を大きく変化させるためには、逆説的に良かったと言える。私はその後、へたな英語でも会話をするようになったし、英文タイプライターからハングル・タイプライターへ、そしてワープロへ、インターネットへとツールを変えながら、日本語、韓国語、英語を使って利用することができるようになった。まさに感謝である。

以上のように、忙しく学校で働いてはいたが、結核で闘病するという理由で、兵役義務を終えないまま就職しており、いつもハラハラしているような、不安定な状態だった。

そんなある日、私は「陸軍士官学校で教官を募集する」という情報を得た。聞くところによると、兵役でありながら、教授職としても認められるという。さらに、簡単な書類を作成して送って、試験を受けるだけでいいとされていた。

結核の病歴が問題とされないだろうかと不安だったが、私は、この陸軍士官学校の教員募集に応募することにした。そして、合格した。しかし、合格通知を受けてからの身上調査が、一年もかかるという。

とたんに、親族や親戚の中に北朝鮮に越北した人はいなかったか、といったことが心配になった。親等六寸の内にあっても、直系にいなければ問題はないということだったが、私の故郷の親族には朝鮮戦争の時に「拉致」された人がいて、詳しい調査を受けたという話も聞いていた。先述のように、我が村の青年たちが越北した家では、彼らがスパイとして訪ねてくるかもしれないという脅威を持っていた。

もう一つの問題は、健康診断書を用意しなければならないということであった。当時の私は、病院の健康診断で良い結果を求めることが難しかった。というのも、結核を五年間も病んだために痕跡が胸に残っており、X線上には私の病巣のあとが映るため、「健康」という診断を出しにくい状態だったからである。

このことは、徴兵を延期する時には有利だったが、教官の資格を得るためには不利なことだった。だが、学生時代の主治医だった姜亭龍博士の病院に相談に行き、お願いしたところ、快く「健康である」という診断書を書いてくださった。

独裁者・朴正熙の時代

私は、李承晩政権の時代を経て、一九六一年の朴正熙による軍事クーデターを体験した。一九七〇年から一九七九年まで推進されたセマウル運動（新しい村づくり）や維新憲法、学生デモ、そして朴氏の暗殺につながる混乱期を過ごした。

当初、彼に対する私の評価は否定的なものだったが、徐々に、いつのまにか、知らず知らずのうちに、それは肯定的なものに変わっていった。

では、なぜ私の評価は肯定的に変わったのだろうか。私の人生観の変化か、あるいは彼への理解が深められたのか。実は、私のこのような態度の変化がなぜ起きたのかは、今も分からない。おそらくは、言論媒体によるものではなく、客観的に事物を見ようとする私の根本的な態度から出てきたものだろうと、自己分析をしている。

朴正熙 元大統領

韓国における朴正熙の時代は、暗い記憶が多い。私の人生においても、それと重なる部分が多い。彼は悲劇的な要素を持つ人物でもあった。確かに、独裁者と呼ばれる彼の力が非常に強く作用はしたが、それだけではなく、人間的な影響力も持っていた。

特に「セマウル運動」は、朴大統領が推進して、今では高く評価されている主要政策だと思う。読者も、本書を読み進めていく中で、おそらくそのことを理解してくれると思う。

彼は、反日よりは反共を強調しながら軍事独裁政権を続け、軍事政権に反対する民衆に対しては北朝鮮の脅威をもって統合性を主張し、その独裁を強化した。彼の対米協力政策によって、一九六五年二月から七三年まで、約四〇万人の韓国兵がベトナム戦争に派遣された。そして四四〇〇人が戦死した。

戦死者たちは今、韓国の国立墓地に埋葬されている。私は、後述する陸軍士官学校時代に、国立墓地でこうした戦死者を迎えたことがあった。ベトナム戦争中の韓国軍の残虐行為については、国際世論やジャーナリズムによって、いろいろと問題にされてきた。朝鮮戦争の悲惨さを体験した私は、当時、今は戦争が遠くベトナムの地で起こっているとしても、いつかはまた、韓国の国内で争いが起きるのではないかという恐怖心を持っていた。

私には、朴正煕大統領のセマウル運動へ関心を持つ発火点となる出来事があった。一九九五年、私は植民地に関する研究をする中で、日本統治時代の農村振興運動の資料から偶然に、朴正煕が勤めた聞慶普通学校に関する資料を見つけ、ある事実に驚いた。

それは、聞慶公立普通学校が、一九三〇年代に行われた農村振興運動の指定学校だったという文書である。朴正煕が聞慶公立普通学校の教師だったことから、ひょっとしたら、彼はこの農村振興運動に関わったのではないか、そして、それが彼が行ったセマウル運動へとつながったのではないか。つまり、日本統治時代の農村振興運動が、彼のセマウル運動のルーツなのではないかと、想像したのである。

そこで、この仮説に基づいてさらに調査をし、私は二つの論文を発表した。一つは日本文で、写真などを含めて『国立歴史民俗博物館論文集』に掲載したものであり、セマウル運動は日本統治時代の農村振興運動に起因したものであると主張した。もう一つは韓国語で、近代史の権威者である李炫煕先生の『還暦記念論文集』に掲載させていただいたものである。

以前は、この二つの論文が歴史学者に引用されることはほとんどなかったが、最近は引用されるようになった。私の論考が多少なりとも注目されるようになったわけである。中でも特に、

「セマウル運動は日本起源である」という部分が引用されている。
私が長らく、日本の「東洋経済日報」に連載させていただいているエッセイがあり、ある時、「朴正熙先生と朴槿恵《パク・クネ》大統領」という記事を書いた（二〇一三年二月八日付）。そのエッセイを、産経新聞ソウル駐在員の黒田勝弘氏が「産経新聞」に紹介してくださった。それに対して韓国では、セマウル運動の元祖が日本であるというのは好ましくない、というような反応があった。まず、私が書いた文章は、以下のようなものだった。

朴正熙大統領といえば、麦わら帽子をかぶって田植えをする農民姿の大統領、セマウル大統領を想起するだろう。その娘の朴槿恵氏が韓国初の女性大統領になることを歓迎しながら、彼女の父親のことを考える。彼女が大統領になったのは、いわば陰徳であり、日本語では「父親のお陰」である。もう一方では負担の陰影でもある。陰陽は宇宙の調和の原理であり、大統領としての行使が期待される。

私は李承晩大統領の長期執権に反対するデモに参加した。しかし、軍事クーデターにより民主化が中断されたことには失望していた。陸軍士官学校の教官となった当時を回顧すると隔世の感がある。一九六〇年代半ばのことだった。ある日、某大学の前を通過しようとした時、某大学生が走っている朴大統領の車に向かって石を投げたことがあった。その時、下車したサングラス姿の朴大統領は守衛に案内させ学長に会って、「学生指導をきちんと正せよ」と注意してから、陸軍士官学校へ向かった。学生の「査列」儀式のため、朴大統領は土曜日に時々、陸軍士官学校に来られていた。厳しい警備の中、私は近くで彼をお見かけしたこともあった。一回だけ同じ査列台に同席したことがある。ちなみに、その時の注意を受けた学長は即刻解任になった。

朴大統領に関する逸話がある。彼は師団長の時、時々食べに行った日本式のうどん屋のお婆さんを士官学校の食堂に呼び、働かせた。彼女は私に朴大統領が日本食を好むという話をしていた。私はその時、大統領はとても人情深い人であると感じた。今から四〇余年ほど前の話である。

時は変わり、植民地に関する資料を読んでいる最中に突然朴大統領のことを思い出した。私が植民地研究上、気になったものの一つはセマウル運動である。私は宇垣一成朝鮮総督の農村振興運動下で聞慶国民学校が農村振興運動の「中堅人物」を養成する指定校だったことに目が留まり、もしかしたら当時、勤務していた若かりし頃の大統領が朴先生としてその農村振興と関連があったのではないかと考えた。

私はさっそく日本からソウルへ行き、その学校を訪ねて行った。そして聞慶公立普通学校で当時朴正熙先生に学んだ金成煥氏たち三人の弟子にインタビューすることができた。彼らのお話を通して私には「先生」というイメージが強く伝わってきた。彼らによると当時朴正熙先生は農村振興の指定学校聞慶更生農園と身北簡易学校更生農園において、担当していた姜光乙先生が四〇日間の出張期間に授業を担当したという。つまり、村の中堅人物を養成するという農村振興運動の目的で指導者養成の教育を担当したのである。

次に、黒田勝弘氏が「産経新聞」に書いた「韓国セマウル運動の源流は『日本』」(二〇一三年二月一六日付)は、以下の通りである。

(前略)ところが、このセマウル運動の源流は日本だったということはあまり知られていない。日本統治時代の三〇年代、朝鮮総督府が進めた農村振興運動がそれだった。

そして朴正熙が大邱師範学校を卒業し、軍人を目指す前にしばらく先生をしていた慶尚北道の聞慶国民学校は、その農村振興運動の人材育成のための指定校だった。「朴正熙先生」はその人材教育にあたり地域の農場でも指導にあたった。

農業振興運動の標語はセマウル運動のそれと全く同じで、当時の時代背景から「儀礼簡素化」や「忠孝愛国」もあった。朴正熙は後年、大統領になった際、これを思い出したというわけだ。「セマウル運動は日本がモデル」という話は日本の研究者からも聞いていたが最近、日本在住の文化人類学者、崔吉城(チェ・キルソン)・広島大名誉教授(下関の東亜大学・東アジア文化研究所所長)がその詳細を韓国情報紙「東洋経済日報」(二月八日号)に書いている。

崔教授は筆者の知人なので〝無断紹介〟を許していただけると思うが、彼はこの〝朴正熙伝説〟（?･）を当時の聞慶国民学校の教え子たちにインタビューして確認したという。

崔教授は日本に渡る前、韓国の陸軍士官学校の教官をしたことがあり、そのときに耳にしたエピソードも紹介している。士官学校の食堂で働いていたおばあさんは朴正熙が師団長時代によく通ったうどん屋の人で、朴正熙が後に士官学校に招いたのだという。

父・朴正熙は日本風のうどんが好きだったとそのおばあさんは語っていたというが、娘の朴槿恵・次期大統領の好みはどうなんだろう、と気になる。彼女は先ごろ手にしていた大型のハンドバッグが海外ブランド物じゃないか、との疑惑説に発展した。国産の中小メーカーの物ということで落ち着いたが、父のように「日本風うどん」が好みなどと言おうものならたちまち大騒ぎだろう。

また、元ソウル市長の高建氏（一九三八年生まれ）は、セマウル運動をめぐる誤解が多いということを、ある韓国語サイトに以下のように書き込んでいる（拙訳）。

セマウル運動が、農民たちの歓迎を受けながら、維新時代の支持率を上げるのに寄与したことは事実である。このセマウル運動が、日本の新村運動の複写版だという批判があるが、私が知っている限り、日本の新村運動（新村作り運動）とセマウル運動の意味は異なっている。韓国の邑面洞のようなものとして、日本では基礎自治体単位である市町村がある。日本の市町村は小規模な単位で、数千個にのぼる。その零細な市町村単位で、図書館、公会堂などの公共福祉施設を作ろうとしたが、それは非経済的だった。だから、日本では数十年にわたり、市町村の合併を推進してきた。それを、新しい村作り運動と言った。セマウルは純粋な韓国語である。新作路の横に新たに作った、きれいに整備された町を「セマウル」と呼んだ。我らのセマウル運動は、日本の新村運動と、語源も、その内容も異なっている。

つまり、日本の新村作り運動とセマウル運動は異なる、という趣旨の意見である。だが、私が主張しているのは、日本統治時代の農村振興運動とセマウル運動を比較したものであり、この高建氏の文とは、前提が異なる。だが、韓国がセマウル運動の日本起源説をいかに嫌がっているか、ということの表明として、理解してよかろうと思う。

セマウル運動は「日本起源」なのか

では、セマウル運動の実際と、その根源を共に探し、セマウル運動に、日本統治時代に宇垣朝鮮総督が実施した農村振興運動からの影響があったか否かを確認していきたい。

セマウル運動に対しては、あれは政府主導で農漁山村住民を行政的に統制して労力動員した運動であり、政治的な体制維持のためのものであると、否定的に批判する人もいる。ただ、多くの人々は、セマウル運動のおかげで韓国が経済的に発展を成し遂げたと、肯定的に評価している。このように、セマウル運動には、さまざまな見解がある。それは人によって、経験によって、または、知的レベルによっても異なっている。

そもそもこの運動はどこから出てきたのか、その起源に関しても、いろいろな説がある。やや遠回りになるかもしれないが、私はその時代を生きてきた者として、自分史的な観点からも、当時を考察していきたい。

いったい朴正熙とはどんな人物であり、日本との関係はどうだったのだろうか。私は、彼を批判したり、逆に肩を持ったりする目的でこの文を書くのではない。それをまず、断っておきたい。

一般的には、朴正熙大統領が「韓国の近代化は村レベルから改革しなければならない」と信じて「新しい村（セマウル）運動」を始めたと言われている。つまり、朴氏の個人的な所信が推進力になった、というわけである。

一方で、セマウル運動は朴正熙自身が日本統治時代の農村振興運動の経験から学んだものだと思っている人もいる。私もその一人である。

「月刊朝鮮」の姜仁仙記者によるインタビューで、当時この運動の実行者だった金正濂氏は、以下のように述べている（拙訳）。

> 七〇年代の初めから朴大統領が創案、主導したセマウル運動によって、長いあいだの貧困と、社会的に苦しめられることで潜在化してしまった勤勉・自助・協同という儒教的伝統がよみがえり、画期的な農漁村の生産力向上と、農漁村の生活および環境の、途方もない改善を成し遂げました。(「月刊朝鮮」一九九一年五月号、三六七)

このインタビューでは、セマウル運動を「朴大統領が創案、主導した」としている。もしそうなら、その原動力はどこから出てきたのであろうか。私はその深層を探ってみたかった。創案者である朴正煕は、セマウル運動の計画と実施を、何を参考にして実行したのであろうか。こうして私は、朴正煕が軍人や政治家になる前に小学校の「先生」だったことに、注目することとなったのである。

一九七九年一一月、朴正煕が暗殺された。大統領が暗殺されたことで、セマウル運動の勢いは弱まってしまうかと思われた。だが、依然としてセマウル運動は生きていたようで、私たちも「セマウル研修教育」を受けさせられた。私は、セマウル運動はすでに消えたと思っていたので意外だった。

朴正煕の独裁を嫌った多くの人々は、彼を暗殺した金載圭《キム・ジエギュ》を英雄視するような状況だったが、大統領が全斗煥に代わって、金載圭は死刑にされた。私はこのことで、全斗煥が民主化の機会を横取りしたというような気持ちになった。

軍事政権は依然として続いた。さらに、三清教育隊という怖ろしい脅威が存在していた。全斗煥が、社会浄化のためにゴロツキを一掃するという名目で江原道に設立したこの施設には、四万人弱の三清教育の該当者が入隊させられた。

この教育隊には、暴力団のような連中以外に、民主化運動の活動家たちも入隊させられており、民主化運動弾圧の意図があったとも言われている。彼らは肉体的・精神的な虐待を受け、五四人もの死者が出たという。このように全斗煥政権は、いろいろな方法で国民を威嚇した。

朴正煕の生家を訪ねる

二〇一三年、夏の暑さの真っ最中に、韓国・慶尚北道の亀尾市にある朴正煕の生家を尋ねた。七月八日、金海空港で飛行機から降りて釜山駅までタクシーで行き、そこからソウル行きの高速電車KTXに乗った。このKTXは、日本からの輸入も検討されたものの、結局フランスのテゼベを導入したものである。今の時代にもかかわらず、半自動のドアや進行方向に席の向きを変えられない固定式の座席など、やや不便な点がある。しかし韓国では日本に反感を持つ人が多く、日本製を導入しなかったことは良いことであると思っている人が多い。

この時、亀尾駅にはKTX線の駅と在来線の駅が別々にあることを知らず、困ったりもした。また、駅に出迎えに来る人に電話をかけようとしたが、韓国でのスマートフォンの使用法がよく分からずに焦り、隣の座席に座っていた中学二年生に、スマートフォンの使用法を聞いてみた。意外にも彼は、漢字を読めるのはもちろん、英語も読めた。私のスマートフォンを自由自在に設定してくれ、通話ができて感謝だった。

私は東大邱で降りて、在来線の「セマウル号」に乗り換えた。乗った列車が「セマウル号」とは、今からセマウル運動を調査しに行く私にとって、とてもふさわしいように感じた。以前は、セマウル運動の歴史を象徴するようなセマウル号であったが、今もなお現役で走ってはいるものの、かなりオールドタイムの列車である。この列車が新しく登場した当時、さっそうと走るセマウル号は、最高級の人気列車だった。しかし今は、すっかり過ぎ去った過去の遺物になってしまった。新しいものが出れば、既存のものが旧式になって、新旧は常に入れ変わる。

この列車はまだ、その時代の影を残していて、私には懐かしく、乗り心地がよかった。ドアはボタンを押さなければならない半自動式で、今では旧式であるが、当時は新しく、しかも高級なものだった。このローカル線では、車両よりも乗客の方が古く感じられた。大きな声で慶尚道の方言を話す人たちは本当に懐かしく、親近感を覚えた。

列車のバージョンが変わるように、多くの人々も、私も、多様なバージョンに変わってきた。私が生きてきたバージョンも、パジチョゴリ（韓国の民族衣装）から軍服、洋服などに変わった。

私の考えや人生観も、変化・発展した。文学少年時代、民俗学の初年兵、日本留学での近代化主義者、日本研究者、国際的調査研究の文化人類学者として、過去を振り返ることなく未来に向かって歩いてきた。

そうした、私の人生のそれぞれのバージョンを、格好よく修飾して説明することもできるし、わびしい苦労話として語ることもできる。

多くの人と会って、多くの人と遠ざかって、無意識に傷つけた人、たくさんのお世話になった人、愛と恩恵につながった人生を思い返すことも、最近では多くなった。

そうした思いにふけりながら、朴正熙の生家へ向かって走る列車の窓から景色を眺める。山あいの盆地にある農村なのに、横断幕などには「先端技術の都市」などと書かれていたりして、農村の風景には、やや不釣合いな感じがした。

実は、このあたりは、今ではＩＴやデジタル関係が主な産業となり、こうした企業の公団に住む家族が地域の人口を維持する、四〇余万の都市として経済的にも活性化しているのである。これは、亀尾市が朴正熙から大きな恩恵を受けているということを意味する。なぜなら、朴大統領は自身の生まれた故郷に輸出公団を誘致・建設し、農業の他に工業都市としたことでも有名だからである。最近もここで、朴正熙をテーマにしたシンポジウムが開かれたというが、そのことからも、亀尾市がいかに朴正熙の恩恵を意識しているかが分かる。

こうしたことをあれこれ考えているあいだに、列車「セマウル号」は亀尾駅に到着した。私は李松希社長の出迎えを受け、彼の車で、金烏山のふもとにあるホテル金烏山にチェックインした。李氏は、この地で生まれて啓明大学の日本学科に入学、そこで私と子弟関係を結んだのである。卒業してからは、こちらで報道機関と政治方面で活躍している。今は主に、インターネットの「亀尾新聞」を経営している社長である。

ホテル金烏山は四つ星級なのに、夏の暑さにもかかわらず、冷房をせず、窓を開けたまま扇風機を回していた。李氏は、冷房がない理由として、韓国では原子力発電所の故障で全国的に電気事情が良くなく、節電のためであるという説明をした。私はむしろ、エアコンの風よりも、高さ千メートル弱の金烏山の、精気が舞い降りてくるような涼しい風を楽しんでいた。特に夕方になると、全くエアコンを利用する必要がなかった。

私は風水師のように金烏山を見上げてみた。風は単純な山風ではなかった。山の精気を感じた。私は民間信仰を信じているわけでもないのに、風水信仰は信じているのかもしれないと思い始めている。数年前、ある人から私の父母の墓を移葬せよと言われた時に、私は強く抵抗したことがある。それは、私が風水信仰を信じていたからではなかったのかと、今になって思うのである。

だから、朴大統領が金烏山の風水の精気をいただいて生まれたという俗説も、半分くらいは信じているのではないか。そこで、朴正熙の生家訪問の重要な目的として、まずは、彼が風水的に生まれたという英雄譚を検証するところから始めることにした。

翌日、七月九日火曜日の朝、亀尾市にある朴正熙大統領の生家に至るまでの道のりでは、「朴正煕路」や「セマウル路」など、朴正煕にちなんだ道路名に視線がいった。

日本の統治期には、日本式の地名を付けるところが多かった。それを戦後、韓国政府が、乙支路、忠武路、世宗路といった、歴史的な英雄にちなんだ名前に変えた。だから、「朴正煕路」も、そのような脈絡としては理解できる。単なる村おこしの現象として考えられないこともないが、やはりそこには政治的な意図を感じる。

彼は生前、「錦衣還郷（故郷に錦を飾ること）」をしようと思ったのだろうか。確かに、ここ亀尾を発展させたかっただろうとは思われるが、決して、狭い意味での愛郷心ではなかっただろう。彼が、地域偏重あるいは地域差別という非難を受けたことは事実であるが、少なくとも私には、そうしたものを超越した人物だったと思われる。

植民地時代の歴史を地名に残す国は、それほど多くはない。しかし、韓国のように完全に壊してしまう国は少ない。シンガポールでは、街の多くの名前に「ラッフルズ」という、イギリス植民地支配者の名前が付けられていることに、私は驚いた。戦後シンガポール政府は、植民地を象徴する建物として、有名なラッフルズホテルを壊そうとした。しかし、歴史的な建物をそのまま保存して利用した方がよいのではないかという反論があり、壊さず使うようになったという。そのホテルは保存され、今も、予約が難しいほどに繁盛している。

英雄の名前を地名にする例は、世界的にもたくさんある。愚かな者は、すぐに崩される銅像や塔を建てる。町内に稚拙な銅像を建てては壊すという歴史を、私たちはしばしば見ている。「スターリン広場」などは、その代表的な例であると言えよう。独裁者たちは生前、自分の名前を歴史的に残すために、このような地名を作る。地名が政権によって変わる場合もあり、独裁国家では、そのような現象があふれている。

やがて、朴正熙が生まれた村に到着した。昔はもっと辺鄙《へんぴ》な、田舎の農村だっただろうと思われる風情である。つい、このような辺鄙なところから本当に英雄が出るものなのだろうかと思ったりする。やはり、風水信仰以外に説明することができないと思った。

一般的、世俗的に言うならば、現代の韓国では、偉人や英雄は自然に生まれてくるのではなく、試験地獄（?）によって創られるようなものである。つまり、門閥を背景に持って生まれ、教育ママの力による課外授業や試験地獄を経て出世するのであり、こういう貧しくて寒々とした村では、英雄など生まれそうにない。だからこそ、試験地獄で名門大学に入って高官になって行く現在の出世行路とは違い、かえって風水説がよく似合うのである。

私は、地理的に英雄が出る「明堂」と言われている、朴正熙の生家に到着した。金烏山のふもとにある藁葺きの家が視野に入ってくる。確かに、風水的に偉大な人物が出てくるという話が合うような感じがする家であった。私は、風水師にでもなったかのように、山勢を見た。風水とは、文字通り自然環境を意味するからである。

私は、風水に関して少なからず知識を持っている。一九九〇年代には、村山智順の『朝鮮の風水』（朝鮮総督府、昭和六年）を韓国語で翻訳出版したこともある。その時、私に多くの人から自分たちの墓の位置を鑑定して欲しいという依頼が殺到して、困ったことがある。私は当時、風水信仰を信じるつもりはなかったので、そうした人々には応じなかった。ただ、それでも、風水的な知識だけは持っている。

私のこのような知識によって朴正熙の生家を見ると、確かに風水的に悪くないと思われた。やはり彼は、風水的な人物だと言えるのかもしれない。また風水以外に、この場所での英雄生誕の説明をすることができないとも思った。それくらい、このような村で朴正熙のような人が生誕したことは、驚くに値する。

朴正熙がそのような時代に生まれたことを、風水という言葉の代わりに、より世俗的に言うならば、それは「運」と言えるかもしれない。つまり、彼がいくら自助・努力・勤勉などを信条として生きたとしても、それだけで偉大な人物になれるわけではなく、それはあくまでも彼の持つ運であると言わざるを得ない。とにかく、「風水」か「運」なのであろう。

北朝鮮の金日成と中国の毛沢東を比較してみると、よく似ていることが分かる。毛沢東には、「人傑地霊」すなわち風水が人物を出すという風水的な説明が加えられているし、金日成の息子である金正日《キム・ジョンイル》には、白頭山で生まれたという風水的な説明が加えられている。

私は、独裁者と呼ばれる人物として、毛沢東、金日成、朴正熙の三人を連想する。朴正熙は、山あいの貧しい農村で生まれ、師範学校を出て聞慶普通学校の「先生」になり、急転換して軍に入隊すると、陸軍士官学校を卒業して満州軍の将校となった。韓国が日本の植民地支配から解放されてからは、共産主義者疑惑で刑務所に入れられ、出所して韓国の陸軍少将となり、クーデターを起こし、大統領になった。

日本の、ある在日朝鮮人の毒舌家は、クーデター、長期政権と人権弾圧、暗殺などを理由に、「朴正熙は生まれてはいけない人」だったという発言をし、韓国の野党国会議員がそれを引用して騒動を起こしたことがある。人権意識からの発言だと言いながら、全く人権意識がない人の話だった。朴正熙は、暗殺という悲劇的な死をとげた人である。

朴氏の生家は、農村出身者の出世行路を分かりやすく展示している。朴氏への評価は、概して肯定的であると見てよい。『成功した大統領・失敗した大統領』の著者、金忠男は「朴正熙大統領は韓国の代表的指導者というだけでなく、五〇〇〇年の民族史にそびえ立った指導者の一人として、いつまでも記憶されるだろう」と評価した。その主要な理由として、セマウル運動を推進して大きな成果をあげたことを指摘している。

では、北朝鮮の金日成はどうであろう。金日成の生家がある万景台は、聖域化されている。私は数年前に、平壌にある金日成の生家を見に行ったことがある。そこでは、みすぼらしい藁葺きの家を原形のまま保存してあった。だが、その整えられた様子からは不自然さを感じた。

そして、行く場所ごとに、参拝を強要されるような感じで金日成の銅像が建っていた。たぶん、北朝鮮の独裁体制が崩壊したら、真っ先に撤去されるだろう。

中国でも、まだ毛沢東の銅像が、いろいろな場所に建っている。金日成と毛沢東は、独裁者でありながら、人生行路を無事に終えた人である。彼らは独裁者であっても、悲劇を体験しないまま人生を終えた。あたかも歴史上の王様のように、幸せな人物だった。

朴正煕の生家も、同じく素朴な感がある。彼の場合、それは何を意味するのだろうか。農村で生まれて偉大な仕事をした英雄を、より輝かせるためのものなのか。私は、生家を宮殿のように作らなかっただけでも良いと思った。その点では、金日成の生家と似ているかもしれない。

悲劇性というものは、人をみじめにすることもあるが、たいていの場合、劇的な効果として、比較的長いあいだ人々に記憶させる力を持つ。したがって朴正煕は、その悲劇的な要因のために、英雄化されやすい要素を有していると言える。悲劇のうちでも、怨恨は大きな力を持つ。夫人の陸英修が暗殺され、その娘が大統領になった。私は以前、高麗末期の崔瑩将軍と日本の菅原道真を、悲劇的な人物として比較したことがある。この時の、悲劇的な要因が恨みを表出する、という現象を分析した経験が、今回の私の考えの背景となっている。

「朴正煕の生家」と「金日成の生家」は似ている。しかし朴正煕は、金日成とは決定的に異なる。金氏は独裁者のまま平穏に死亡し、現在三代まで続いているが、朴氏は志なかばで暗殺された悲劇的な人物である。しかし、朴正煕の生家にある記念展示には、こうした悲劇的な部分が欠如している。クーデターや人権弾圧、暗殺などについては、いっさい展示されていないのである。つまり、彼の人生の「暗い部分」は、ここには表現されていない。そのため、金日成の生家と、それほど変わりがないものになってしまっている。

これは、いったい何のためであろうか。展示を短く見て回るため、時間の節約のために省略されたのだろうか。さもなければ、意図的に彼の暗い部分を隠したいからだろうか。展示では、彼の一生の「一部」が強調されているだけである。

残念ながら、これでは総合的な資料館とは言えない。生家らしく誕生だけを強調したものに過ぎない。ただ平凡な、英雄の記念館でしかない。彼の悲劇的な部分は、金日成の生家とは本質的に違う「偉大さ」があるにもかかわらず、である。これでは、単なる田舎の村おこしと言われても、仕方がないと思われた。

真夏の暑さの中、九時からの開館時間に、二台の観光バスと二〇台ぐらいの乗用車が駐車していた。中に入ると、貸し切りバスや駐車している車は多いのに、館内の観覧者は少ない。バスから降りた人々はどこへ行ったのだろうか。館内の観覧者が少ない理由が分からない。

定休日でもないのに、食堂や記念品の売店も閉まっている。なんと、従業員の休暇旅行のためだという。もう少し詳しい資料と情報を求めても、「分からない」という返事が返ってくるだけである。資料を販売する店も、整理中ということで休業になっている。朴正熙の映像資料や本は全くない。このように記念館が不誠実な場合は、ほとんどが公的機関による管理である。遺族などが運営する施設では、もっと親切・丁寧であり、誠意が感じられる。

私は一人の誠実な観光客になって、熱心に観覧した。電子芳名録に記帳し、大統領夫妻の写真のそばに立って記念写真を撮った。そして、直径一五メートル、高さ一〇メートルの円形のハイパードームの中で、一二分間の映像を、椅子もないカーペットに座ったまま、三六〇度に広がる映像で見た。朴氏の業績を短く圧縮した映像であるが、スクリーンが縦横に広がっているため、内容はかえって分かりにくく、しかもスクリーンの大きさに圧倒されて、ただ「偉大な人物なのだ」という印象を受けただけだった。このドームは情報を伝えるためのものではなく、ただ圧倒感を与えるだけの空間であると感じた。

この朴正煕の生家には追慕館があって、拝礼ができるように開放されている。中国の毛沢東記念館でも、小さな銅像のお守りなどが販売されて、それが信仰的な対象になっているという。社会主義国家の中国でも、毛氏が信仰的な対象になっているのである。北朝鮮では金日成の遺体が保存され、尊敬と信仰の対象になっているのと同じである。また、毛沢東記念館では、毛沢東を記念する食堂が有名である。朴正煕の生家にも「春窮期」（穀物が足りずハングリーな時期）の体験をする食堂があり、同じように観光地化されている（この日は休業）。

私は、朴正煕に対する尊敬の念を持って集まる人々の態度を観察することも、ここでの一つの注目ポイントとした。朴氏は軍人として、軍事クーデターで政治家になった人だが、韓国経済を発展させた「漢江の奇跡」を成し遂げた英雄であることが展示されている。
なお、セマウル運動などにおける大統領の演説文や決裁文書、事業に関する公文書、村単位の書類、指導者の成功事例と手紙、市民からの手紙、教材、関連写真と映像など、約二万二千件あまりの「セマウル運動記録物」が、二〇一三年六月、ユネスコの世界記憶遺産に登録されたという。

私は、霊位を祀《まつ》っている追慕館の前で黙祷をした。私は、単なる英雄としてではなく、一人の人間として、彼の人生を見ている。しかし、見る人によっては、取るに足らない人物、独裁軍人、あるいは経済開発で祖国近代化を達成させた偉大な大統領として見るのだろう。

安重根《アン・ジュングン》は伊藤博文を暗殺しても、死刑にされても、偉大な英雄として名を残している。一方、金載圭は朴正熙を暗殺して死刑となったが、すでに忘れ去られている。同じ殺人者なのに、何がこのように相反的にするのだろうか。

生家の外側に回ると、「セマウル運動テーマ公園」の中に、朴氏の銅像が建っていた。住民たちによる募金で建てられたという。この朴正熙像は、遠くから見ても、私のイメージとは非常にかけ離れていた。なぜなら、この朴正熙の銅像は、とても大きいのである。彼は小柄な軍人だったが、この銅像では長身の紳士だった。彼はこんなに長身だったろうか？　つまり、英雄化の意図が濃厚なのである。

金日成の銅像は、大きくても違和感を受けなかったが、ここでは非常に違和感を受けた。実際に知っている彼のイメージからあまりにもかけ離れたこの作品は、拙作なのか、あるいはイメージアップの意図が加えられた創作なのか。それが、私に強い違和感を感じさせたのである。

朴大統領の生家を訪ねても、朴正煕の人生の全体像を見ることはできなかった。彼を知るための「本場」であると期待したのに、かえってその真実を知ることができなかったという気がした。それは先述したように、彼の場合は悲劇性自体が英雄性でもあるのに、この闇の部分が欠落しているからである。さらに、変身した（？）銅像に至っては、感動よりも失望を感じた。私は本屋に立ち寄って、オビのところに「娘を大統領にした朴正煕」と書かれた分厚い本を買った。そして、いずれはユネスコの世界記憶遺産に登録された資料なども見なければならないなと思いつつ、調査を終えた。

亀尾から、金海空港行きの直行バスに乗った。客は私一人だった。その車中で、今回調査した朴正煕の生家に対する自らの感想を、念入りに整理し、考えた。

朴正煕が大日本帝国の教育機関で受けた師範学校の教育とは、どんなものだったのか。その教育が青少年期の彼の意識の中に、どのように作用したのか。聞慶で教師をしながら、どんな気持ちで教育にたずさわり、どんな経験を積んだのか。それらが、後に革命を起こして大統領になり、農村革命を起こす時に、どのような影響を与えたのか。それらを詳しく調べてみたかった。

朴正煕には、長所はもちろんのこと、短所も大いにあった。だが、やはり英雄だと感じた。

それなのに、なぜ短所、悪い点の展示だけが欠如しているのか。彼は、愛情と短所を共有していた人物ではないのか。それを無視して一方的に英雄化しようとしたことは、やはり大いに問題であろう。

人は誰でも欠点を持っている。その一方で、人間愛が根本であると私は考えている。その点で言うならば、朴正熙の生家で見る展示の英雄化、観光化は、やはり適切でないと考える。

第五章　陸軍士官学校の教官が見た韓国軍

入隊までの過酷な訓練

前述した通り、高校で教師をしていた私は、陸軍士官学校の教官募集に応募し、合格した。しかし、身元調査に時間がかかり、一年くらい、そわそわしながら発令を待ちこがれることになった。士官学校の教官として正式に内定が決まれば、学校を辞めることになるため、学校からは、私に後任を決めるように言われた。そこで後任として、私の友人である大学院の同級生を推薦し、就職を決めることができた。しかし誰も、私が高校を去ることに、残念とか栄転とか言ってくれる人はいなかった。

友人は早速やって来て、下宿をしながら私の退職を待っていたが、身元調査や健康診断などで時間がかかり、なかなか士官学校の発令が下りてこなかった。このため、後任である友人は私に退職を催促し、文句を言った。彼には申し訳ないと思いながらも、もう少し待ってもらい、ようやく辞職することができた。いま考えても申し訳ない話で、後任者が私に不平を言うのも当然だったかもしれない。

さて、いよいよ陸軍士官学校から通知を受けて、喜んで学校を離れることができた。たった一年ほどの在職だったが、高等学校は私に対して、とても冷淡だった。他の教員と違って送別会も何もなく、私は寂しく学校を離れた。当時その学校では、教師が転勤をしたりする時は、学生たちが泣きながら離別するのが通例だったが、私が離れる時は、見送る学生さえいなかった。村の冠婚葬祭などに招待されても、夜遅くまで参加するような隊列には入らず、一人で宿直室に残って勉強していたことを、さすがに後悔したほどだった。

赤い土を踏みながら停留場まで歩いていく私の姿は、自分が見てもわびしいほどだった。しかし私は、これから栄転していくのだ、という気持ちで慰められた。そして、冷淡なその学校や地域の人々にまつわる、複雑な思い出を回想した。例えば、冬のある日、牛を連れて歩く人のいる橋の上を車が無理に走って、牛を連れた人が川に落ちた、ということがあった。だが車の運転手は、この人が水の中からはい上がってくるのを見て、笑いながらそのまま走り去って行った。このような、他人の苦難を見て笑うような人情のない場所で過ごした日々を思い出し、私は涙が出た。私は、そうしたことを思い出しながら、その橋を通過してソウルへ向かった。

私は、こんな人情のないところへは二度と来ないつもりだったが、ふとしたことで、数年後にこの初任地が懐かしくなり、訪問してみたことがあった。だが、私の後任者だった友人も、すでに辞職していた。そして、それが最後の訪問になった。高等学校の教師を経験した唯一の場所だったし、多くの人にお世話になったとは思うが、人情がないところだという印象は、今でも消すことができない。

こうして私は、一九六六年五月末から士官学校に行くことになった。身元調査では、かなり心配したが、無事に通過し、いよいよ待望の陸軍士官学校へ到着した。

幹部候補生は全部で七人だった。国文を始めとして、英文、哲学、経済、歴史、政治の分野から、ほぼ一人ずつ選ばれていた。全員が、大学などで講師をしたり、研究職にあったり、そうした状況の中で兵役を延長していた人々だった。

我々は全員、招聘された立場の人間として、安らかな気持ちで来ていた。ところが、すぐに私服を軍服に着がえて運動場に集まるよう、指示があった。そこで、上半身裸になって胸を張り、背中に鉛筆をはさんで落とさないようにするというテストがあり、全員が鉛筆を落として失格した。このため全員が腕立て伏せをさせられて、野球のバットで三、四回叩かれた。私は転げ回りながら、痛みをこらえることができなかった。

こうして我々は、いきなり緊張感を植えつけられることになり、軍隊に入ったことを後悔した。しかし、軍法講義を受けた我々には、すでに軍法が適用されており、脱出すれば軍法によって処罰を受けるということが知らされていた。また、上官の命令には、いかなる場合でも服従しなければならないということも強調されていた。

夜は、一つの部屋で七人が並んで目を閉じ、眠りにつくまで監視を受ける。二四時間、私たちがお互いに相談するようなことは全くできない。もっとも、昼食後に一時間程度の休息があるが、ほとんど疲れて地面に転がってそのまま眠ってしまい、何の相談をする暇もなかった。こうした状況で訓練を受けていくのである。

我々の訓練担当者は大尉と中尉で、この二人は陸軍士官学校の出身である。彼らは、我々を良い教官にする、という教育方針で、訓練にのぞんでいるようだった。彼らより上部の方針として、この候補生たちは年齢もいっているし、主に教壇に立つ教員であるから、それほど激しい訓練をさせなくてもいいという、うわさを聞いたこともあった。だが、それは我々の単なる願望であり、かえって訓練は厳しかった。訓練を担当する将校や講師は、後ほど同僚になる人々であるが、訓練中には全くそのような空気はなく、ただただ怖ろしい上下関係の上司だった。

それでも、いつのまにか訓練の日々は過ぎ、時間が流れていった。私たちは、こうして過ごした日々がもったいなく、ここで辞めるのは惜しいと思い、どうにかこらえようとして訓練にのぞんでいた。

訓練が終わりにさしかかったころに、二つの大きな難関があった。その一つが、一日四〇キロの、南漢山城までの往復の駆歩だった。重さ二〇キロ近い完全装備、その上に、校長からの下賜品として石を持って走ってくる。我々は、この訓練で数名の生徒が死んだというううわさを聞いた。結核患者だった私には、一番つらい訓練課程である。

この訓練によって持病である結核が再発すれば、自分は死ぬのではないかという強迫観念が、私を苦しめた。まさに、生死に関わる問題であると思っていた。そのため私は、自分は結核の治療が終わったばかりであり、この訓練には耐えられず、放棄するしかないと皆に告げた。だが結局、一緒に訓練を受けている六人から、自分たちが協力してやるからがんばれと言われ、皆と共に駆歩をすることになった。

五〇分走って一〇分休息、田んぼの泥水を飲みながらという、最悪の訓練が始まった。しかし、後ろには救急車が万が一のためについて走っており、六人の同級生たちも、私の銃を代わりに持ってくれたり武装を分担してくれたりした。こうして、無事に訓練を終えることができた。皆には命の恩人のように感謝した。しかし私は、こんな弱気で教壇に立つことができるのか、資格や品格をそなえた将校になれるのか、自信を失いかけていた。

私たちは訓練中、視線をそらすことができなかった。大統領が下賜したというプールの横を行進しながらも、そのプールを見ることはできない。視線を常に、正面上部に向けることになっているからである。生まれて初めて野球のバットで殴られた時には、痛みをこらえることがどれくらい難しいかを実感した。入隊前に期待したこととは程遠い、地獄に落ちたような状況に、私は大きく失望していた。

こうした体験から、私のように弱い者は、拷問でも受けたら即死するに違いないと思ったし、自分は本当に臆病者であるということを、再三にわたって確認した。映画で見るような拷問の場面を見ても、それがどれほどつらいことかを実感するようになった。しかしここまで到るまでの時間や、多くの人々からの期待を考えると、辞めるにわけにはいかないとも思った。そして、辞めることさえも軍法によって処罰されるし、大変に不名誉なことになるとも言われていた。

さて、訓練のもう一つの難関は、プールでの水泳だった。ある日の夕方、我ら七人の訓練生は、ついにプールの周辺を回りながらの準備運動に入った。それが停止するやいなや、担当の兵士たちが後ろから突き飛ばして、我々をプールに放り込んだ。私は、それなりに田舎で覚えた犬かきで浮き出てきたが、ある同僚は出てくることができず、水の中でもだえ苦しんで、手足をやたらに動かしていた。ある兵士が彼を救援しようとすると、担当教官である大尉は「もう少し水を飲ませろ」と言い、数分後にようやく救助した。彼はその後、このプールの近くに行くと、必ず足がすくんだ。私も、二度とプールには入りたくないと、不動の姿勢になった。

私が結核で長く苦労したということは将校も知っていたが、私はこんな冷たい水に入って風邪などひいたら、それこそ死んでしまうと思い、その後の訓練を拒否してしまった。それよりも、バットで殴られる方がマシだと思った。意外にも将校は、私を隊列から外してくれたが、私はこれで、自分が教官になる道は終わりだと覚悟した。しかし、そのまま訓練は終わった。

軍事境界線の真実

一〇週間の訓練を終えると、今度は「前方視察」という名目で、軍事境界線の非武装地帯を見て回る時が来た。一九六六年八月のことである。士官学校教官としての外出を兼ねるように、我らが乗った士官学校の軍用バスの前には憲兵の車が並び、パトロールカーがサイレンを鳴らしながら先導して、一行は最前線に向かって北進した。私は、久しぶりに訓練場の外を見ることができて、晴れやかな気分だった。車列は、私の郷里に近い東豆川を通過して、さらに北進した。

二〇師団の前方警戒哨所に寄ってから、ついに軍事境界線の南方限界線にあるＤＭＺの遊撃部隊に着いた。陸軍士官学校出身の将校が喜んで迎えてくれた。彼らは特殊部隊の遊撃捜索員として、物資は豊富で、それなりに楽しい時間を過ごせているようだった。このため、軍の一般的な雰囲気とは、かなり異なっていた。

私は、二〇師団最前線の陣地観測防衛所（ＧＰ＝GUARD POST）に入ることになった。夕方になると、前方勤務に関する注意点が長々と説明された。この中で、夜間に歩哨兵が居眠りをしていると、北朝鮮から侵入してきた兵士に「鎌で首を斬られる」という訓示を聞いて、驚いた。

私は、南方限界線にある井戸穴式のＧＰに入って、そこで見張りを務めることになった。以前、北朝鮮側から柵に穴をあけて侵入したという事件があり、この場所もかなり危険であるという注意事項を聞いた。そうした場所で、敵から見られぬように暗闇の中で、もう一人の兵士と二人で一緒に見張るのである。

このＧＰというのは、北朝鮮の軍人が見え、声も聞こえるほど北朝鮮に近いところにあるため、勤務にあたって、実弾と銃、手榴弾が与えられた。最前線では、こうした銃器による事故も多いという。また周囲には、味方の地雷捜索チームも発見できないような地雷があるという。まさに、現在のアジアで最も危険な地帯である。

こうした中でも、ともにＧＰに入った兵士は平気な様子で、将校の私の方が、よほど臆病な感じだった。前方は真っ暗、ちょっとした音にも耳をそば立ててしまい、こんな場所で居眠りをするなど、私には想像もつかない。

地雷と鉄柵には意図的に空き缶を垂らしており、それらに触ると音がするし、場合によっては地雷が爆発するようになっている。こうして私は、夜が明けるまで、非常なる苦痛と怖ろしい時間を過ごした。弾丸を装填した銃に身をゆだねること以外、できることは何もなかった。

この時、北朝鮮の宣伝放送に対抗して韓国側が拡声機でしている宣伝放送も聞いた。北朝鮮を非難する悪口の言い放題という感じで、失望した。そんな中で、夜間の見張りの最中、深夜に地雷が爆発したことがあり、私は恐怖でパニック状態になった。その時の緊張感は、いまだに覚えているくらいだ。

その夜、私は二〇〜三〇メートルの軍事境界線を挟んで北朝鮮軍人と対峙しているＧＰに入っていた。我々は、夕暮れから完全に暗くなったあとで、一つのＧＰを決めて中に入る。これは、敵に場所を特定されて攻撃されるのを防ぐためだった。ＧＰは単に土を掘って作ったものであり、二人がようやく座れるほどの穴だった。その中では常に武装していた。その夜の責任者は同僚の兵士だったが、彼はすぐに目を閉じた。よく、こんなところで眠くなれるものだと思った。臆病者の私は、鎌で首を斬られるという話を思い出して怖くなった。勇気ある戦士には、とてもなれなかった。ただ、どうすれば今夜を無事に過ごせるかという考えが全てだった。

私は後に、北朝鮮側のＤＭＺに入ったこともある。その時に案内してくれた北朝鮮軍の兵士は、休戦線の南側に地雷を設置しているという理由で韓国側を非難していた。私は、確かにその通りであると思った。「非武装地帯」と言うと、平和なイメージがあるが、実際には最も危険な地帯なのである。

さて、その夜も私は、怖ろしさで緊張しながら、目をぱっちりと開いて、暗い前方を熱心に監視していた。ふいに何か音がした。私は銃を撃とうとした。しかし同僚の兵士は、この音はよくある音だと言い、私を引き止めた。

さらに、一二時をはるかに過ぎた深夜にも、あやしい音を聞いた。地雷と連結された空き缶から出た音のようだった。私は同僚の兵士に手榴弾を投げろと言ったが、彼は私の命令を無視した。私は正式に任官された将校でもなく、彼らの直属の上官でもないので、彼が私の命令を聞くはずがなかった。

しばらくしてから、地雷の爆発音が聞こえた。そして、我々の後方からは射撃する音が聞こえた。ＧＰのくぼみから出れば、銃弾に当たる危険性がある。私は、そのまま死ぬのを待つようで不安だった。同僚の兵士は、休戦線を越えた北朝鮮軍を射殺して功績を立て、特別休暇をもらうつもりだと私にささやいた。その余裕が、この時の私には、大きな慰めになった。

完全に夜があけて明るくなってしまう前にGPから出ろという指示を受けて、私たちは外に出た。深夜に聞いた爆発音と銃声が不安だったが、なんのことはない、鹿が地雷を踏んで死んだだけであった。中隊本部で、その犠牲になった鹿を見た。ただ、こうした鹿の肉は縁起が悪いので、部隊で食べることはないという。今度は自分たちに不吉なことが起こるかもしれないからである。

「DMZ／非武装地帯（demilitarized zone）」とは、文字通りに見れば、非武装、つまり武装してはいけない場所であるが、実際には、完璧に武装した軍人が敵対しているところである。互いに均衡を保ってはいても、そこは「戦闘地帯」であり、常に大小の事件が起きている場所なのだ、ということを実感した。

警察官を蹴りとばす軍人

こうした前方視察を終えて、一九六六年八月三〇日、私は陸軍中尉として任官した。文教部からは専任講師の職位を受け、まず私は陸軍中尉として、陸軍士官学校で国文学を担当する教官になった。教官になったのは、翌日の一九六六年九月一日である。また、任官一年後には大尉に昇進した。

昇進して大尉の階級を付けるようになっても、上官はたくさんいた。大尉から四階級上がれば将軍であるが、私はそうした軍人としての道は考えていなかった。後に、もし自分が「将軍様」になっていたら、どうだっただろうかと考えたことはあるが。

こうして、にわかに将校になっても、上級将校との関係には、常に緊張感があった。特に、上官に会った時、先に気づいて敬礼をするということが難しかった。双方の距離を考えつつ、階級を瞬時に判別しなければならない。間違って下級に敬礼すると恥ずかしいし、上官に敬礼しないと軍法を犯すことになる。

訓練中、常に監視されていた時とは違う、教官としての生活が始まっても、軍隊では全ての行動に階級がともない、序列意識がしっかりしており、それが組織にしみついていた。ただ、そうした軍隊の中でも、階級が低くても将軍のように発言する人もいれば、将校でも兵士のように行動する人もいる。当時の私は、将校でありながら兵士のような態度をとっていたと思う。

軍隊では、車内でも座る座席順がある。教官どうしのあいだでも、常に階級意識はあり、それなくして談話をすることはなかった。一般社会でも、目上や目下を意識しながら話すのは日常的なことではあろうが、軍隊ではさらに明確、かつ厳しく、ひたすら階級による、ということに、私は除隊するまで慣れることはなかった。除隊して予備軍に編入された際も、定期的に訓練をすることがあったが、その上下関係だけは嫌だった。

私は毎朝、士官学校へ通勤車で出勤した。これは軍用車であるが、一般車と違って国防色で塗られ、車体に「陸軍士官学校」と書かれていた。マイクロ軍用バスなら五、六人が乗車し、退勤には大型軍用バスを利用したりもした。こうした時も、常に座席順を意識した。

私が軍人になったのは、朝鮮戦争が終わってから一〇余年が過ぎたころで、これからは軍人の価値も下がるだろうと言われていたが、それでも陸軍士官学校は名門の地位を維持しようとしていた。特に、軍事クーデターを起こして政権を握っている朴正熙大統領の出身校ということで、生徒や教官たちは誇りを持っていた。だが、時にはそれが、悪い方向に出ることもあった。

ある朝の出勤時間のこと、運転手の兵士が市内の交通信号を無視して突進した。出勤時間が迫っている時には、こうして運転手が信号を無視することがよくあった。だが、この時は、手信号で交通整理をしていた警官が、我々の出勤バスを止めた。すると、前方の上位席に座っていた将校の少佐が、わざわざ警官が接近するのを待ち、何も言わずに彼の胸を蹴りとばすと、「バスの扉を閉めて出発しろ！」と言い放ったのである。

蹴られた警官は道端に倒れ、バスはそのまま出発した。車内では、これこそが前の座席に座っている上官の使命であるかのように受け入れられ、皆は笑いながら出勤した。それ以降、手信号の警官は、あえて我々の出退勤バスを見ないふりをし、こちらに視線を合わせることもなかった。こうして我々の軍用車は、いつでも信号を無視して走ることができた。

ある日、我々の出勤車に同乗した一人のお婆さんがいた。長く話を聞くことはできなかったが、彼女は朴大統領が師団長のころに、その部隊の前で日本式のうどん屋をしていて、時々そこに師団長である朴氏が訪れて、うどんを食べたという。朴氏は日本式のうどんの味が懐かしく、客として往来していたが、彼の転出によって縁が切れたという。だが、後に朴正煕が大統領になった際に、そのうどん屋を思い出し、彼女を探して陸軍士官学校の食堂に務めさせたのである（これが、産経新聞の黒田記者が前出の引用で書いていたエピソードである）。

朴氏は、独裁者でありながらも人間的な面があったと言われているが、私は、そうした美談の一つとして、この話を聞いた。私は、朴氏は庶民的、人間的な人物であり、実は日本文化が好きな人であろうと感じた。実際に彼女は、朴大統領の心づかいに感謝し、恩恵を深く感じていた。ある日、彼女が酒ビンを胸に抱いてバスに乗ってきたことがある。彼女は、その日は大統領が来られる日なので、彼を接待するためにその酒を準備したと言っていた。

平常の時には、警察によって治安が維持されるが、戦争の時は、軍人あるいは憲兵が治安維持に務め、権力と権威を持つ。しかも作戦中は、憲兵も治安の任務から外れ、武器を持った軍人だけが治安をコントロールするという、怖ろしい状況になる。つまり、もし戦争中であったなら、先ほどの手信号の警官は、ピストルで撃たれていたかもしれない。であるならば、女性への性暴行や略奪などは、もっと自由自在に起きるだろう。私はその現場を目撃したわけである。

私は、こうした軍の中の矛盾を、山ほど知ることになった。憲兵は軍人に対しても検問するのが当然であり、正しい務めである、ということは知っていても、戦争中にはそのような論理は全く意味がないのである。戦争を、軍人どうしによるスポーツの試合か何かのように考えたら、大間違いということである。

軍務と学術研究の両立

軍での生活は、つらいことばかりではなかった。私は、一週間で五〇分の授業を一回するだけでよく、軍内ではかなり自由だった。軍は、一般人は面会申請がなくては出入り禁止の、隔離された領域である。私は出勤して退勤まで、ほぼ一日じゅう、図書館で勉強をした。そこは、階級を意識させられることもなく、自由に研究することができる空間だった。私の一生で、最も勉学ができた三年間だったと言えるかもしれない。

とはいえ、そこは軍であるから、図書館と研究室のあいだを歩いて行く時にも、胸を張って正面を見ながら、ゆっくり、かつ、さっそうと歩かなくてはいけない。もちろん、上官が五〇歩ほど前方に見えたら、真っ先に挙手敬礼をしなければならない。ある人は、遠くから学校長の将軍に敬礼をしなかったということで呼び出しをくらい、五〇回、一〇〇回と、敬礼の罰を受けたという話を聞いた。

当時の私は、軍の中で、要人に対する礼儀が非常に形式的になっていることが不満だった。

つまり、「木の杭《くい》でも、軍帽をかぶせておけば敬礼をしなければならない」式の、軍隊の硬直した階級文化に対して、心から適応できていなかったのである。軍隊において、こうした階級意識に適応できなければ、どれだけ苦労をすることか、それは一般社会でも同じであろう。

ある時、大きなプロジェクトが陸軍本部から下りてきた。それは、陸軍士官学校の教育プログラムの改革に関するものだった。第二次大戦後、陸軍士官学校は、ほぼ日帝時代の制度そのままの内容だったが、そこから完全に脱却して、米国の陸軍士官学校、ウェストポイントの教科課程に改革するというものだった。

私は、ソウル大学師範大学で教育課程などの講義を受講したこともあって、この改定作業に参加した。私は、ウェストポイントの教科課程を読み、それが韓国軍に合うように、教育の理念などを検討した。そして、その最後の改編課程を、陸軍本部から来られる将軍たちの前でブリーフィング（プレゼンテーション）をするように命じられたのである。

その日は、陸軍本部からの将軍以下、高級将校が列席した。私はその前で、緊張しながらブリーフィングをした。緊張のあまり、自分が何をしゃべったのかは記憶していないが、教授部長の金永先准将には気に入っていただけたようだった。

この金永先准将は、軍人の中でも知識人であると言われていた。私が軍に三年間勤めて除隊を前にした時、彼は軍帽を脱いで（階級意識をはずして）私の研究室を訪ねてきて、「崔大尉を自分の副官に」と言われた。すなわち、職業軍人として残り、軍で出世することを勧誘されたのである。私は、光栄なことではあるが、丁重にお断りし、彼は渋い表情をした。その後も数回にわたって誘われたが、私は職業軍人にはなりたくないと言い続けた。実は、将軍の副官というのは秘書のようなもので、煙草の火をつけたり靴磨きをしたり、身の回りのお世話を含めて機敏な仕事をしなければならない。しかし同時に、軍人として成功する近道でもあった。

私は結局、除隊を選んだ。この金将軍は、朴正熙大統領を暗殺した金載圭を裁く裁判の裁判長を務め、除隊してからは国会議員にもなった。当時の記録映像の画面に映る彼の姿を見るたびに、私が彼の副官をしていたら、私の人生はどう変わっていたであろうかと想像してみる。それは、私の人生の重要な分かれ目だった。あのまま軍人を続けていたら、おそらく今よりは良い年金生活をしていたであろう。

一九六八年一月二一日の夜、いつものように退勤バスを待っている時だった。全軍に非常待機命令が出て、戦線へ出動すべく、そのまま待機しろという命令が下された。待機していたのは数時間ほどだったが、とても長い時間のように感じられた。詳しい状況が分からず、おそらく戦争が勃発したに違いないとは思いつつも、誰ひとり口を開く者はいなかった。ただ、戦線に出て行く覚悟だけをしていた。

この時、私は大尉という立場の指揮官として、不安ばかりを感じていた。軍では教官をしているが、実際の戦線で部下を持って任務の遂行ができるだろうか。いや、おそらく一番最初に殺されるだろうと、およそ軍人らしくないことを考えていた。私にとってそれは、ただ死だけを考える時間だったと言えるかもしれない。

結局、非常待機命令は解除され、退勤車も走り出た。後に知ったことであるが、実はそれが、北朝鮮の軍人が大統領府の爆破を計画した事件（青瓦台襲撃未遂事件）であった。

この事件では、北朝鮮の特殊部隊「一二四部隊」に所属する三一人が手榴弾および短機関銃で武装し、休戦ラインを越えてソウル市内まで侵入し、韓国の警察と激しい銃撃戦を繰り広げた後、逃走した。その後も、京畿北部一帯で一月末まで交戦が続き、三一人のうち二八人が射殺され、金新朝という兵士が逮捕された。彼は逮捕された後、「朴正煕の首を取りに来た！」と叫んだが、今では転向して、キリスト教会の牧師となっている。

こうして陸軍士官学校の教官をしていたころ、私は朴大統領に接近する機会が時々あった。朴大統領は、乗馬やゴルフをする際に、しばしば母校である花朗台（陸軍士官学校のキャンパス）を訪れた。私は何度か彼を見かけ、そのうち一回は、査閲台の上で同席したこともある。

大統領が士官学校に査閲に来られる時は、超・非常事態になる。まず、全将兵の銃器が点検される。大統領が到着する数時間前には、全ての銃器、特に銃弾は全て返却して、完全な非武装状態になる。これによって、軍人である自分たちが守ってさしあげるのが本来の筋でありながら、実は我々は信頼されていないのだということが分かった。

いよいよサイレンの音と共に、黒い警護車に先導された大統領車が到着する。黒色の服の警護員たちが銃を手に持ち、四方に向けた射撃姿勢で護衛の体勢になる。多くの将校たちが立って迎え、韓服姿をした夫人の陸英修女史が先に降り、その後に降りた大統領が、歩いて練兵場の査閲台に上がった。大統領夫妻が階段式の教壇の中央、いわゆるロイヤルボックスに座る。私はその左側の、五メートルほどのところにある席だった。ある教官が遅れて入ろうとして、警護員に外へ連れ出されたこともあった。そんな思い出がある。

先述したように、中尉に任命された後の一学期は準備期間で、講義は週あたり五〇分が一回だけだった。私は時間の余裕を満喫することができた。図書館で研究する時間は、軍の階級社会から少しだけ解放される時間であった。

それでも私は陸軍士官学校の教官では最下位の中尉だったため、いつも上下関係を念頭に置かなくてはならなかったが、研究室では、兵士が助手となって靴磨きをしてくれたり、試験や採点を手伝ってくれたり、統計や学習結果をチャートで報告してくれたりするようになった。このため、教官である私は、授業の準備と研究に全力を注ぐことができた。

こうした環境に感謝すべきでありながらも、私は階級主義というものを嫌っていたため、ほとんど助手の兵士を使わず、逆に彼らに敬語を使ったりして、兵士から見ると、多少やりにくかったであろう。

そんな中、私の同期の教官である申栄福氏が関わった、「青脈事件」というものが起きた。この青脈事件とは、統一革命党という政治団体が発行した雑誌「青脈」（一九六四年、創刊）に、朴正熙の軍事クーデターに参与した知識人を批判したり、反政府的な言論を展開したりしていた人たちが寄稿し、一九六八年、そのメンバーが革命を陰謀計画したということで捕まり、死刑などの判決を受けた事件である。

申氏は淑明女子大学の講師から、私は高校の教師から、共に陸軍士官学校の教官となった同僚であり、例の過酷な訓練を共に受け、教官になったあとは、軍務と社会奉仕活動を一緒にした。事件のあと、申氏は無期懲役となって二〇年間も獄中にあり、政権が変わってから、ようやく出獄した。

申氏は一九四一年、慶尚南道で生まれた。父親は大邱師範を卒業して慶尚北道で簡易学校の校長をしていた。彼がソウル大学に入学したのは、私と同じ一九五九年であり、共に四・一九の学生革命と五・一六の軍事クーデターを目撃した。

大学院を卒業して淑明女子大で講師をしながら、雑誌「青脈」の研究会に参加していた。これがのちほど、統一革命党傘下の民族解放戦線と発表されたものである。私たちは親しく教官生活を過ごしたが、彼が逮捕されたというニュースを聞いて、とても驚いた。富川刑務所に行ったが面会できず、私は日本に留学し、それっきり音信不通となってしまった。

陸軍士官学校の教官で、現役の将校という身分だった申氏が首謀者の政治思想犯であったということで、軍事裁判では死刑が宣告されたが、のちに裁判所が情状を酌量して、一九六八年に無期懲役が決まった。

彼は読書家であり、スピーチがうまかった。また、女子学生のグループなども指導していた。死刑囚となるはずが無期になっただけでも私は良かったと思ったが、実際には、死刑よりも絶望的な状況だったようである。

彼が、二〇年と二〇日間という長い受刑生活の中で思索し、両親と兄弟に宛てて書いた『監獄からの思索』という著書がある。私は、その鋭い観察と思索の深さに感動した。彼はそこで、個人の危機や恨みとは縁がないような世俗社会の存在というものに、根本的な疑問を投げかけている。

監房の窓から見たネズミ、タンポポの花、列車の汽笛など、外の世界では平然と社会が動いているということを描写した名文を、私はいまだに忘れられないでいる。このような有能な人材を刑務所に入れた国家権力の矛盾に対し、私たちは大いなる怒りを表明すべきであろう。今、彼が罪人であると信ずる国民は、おそらく一人もいない。釈放されたのち、彼は聖公会大学の特任教授として教鞭をとり、今はあの世にいる。以下は、彼の著書からの引用である（拙訳）。

夏の服役は、自分のすぐそばにいる人を憎悪させます。ぎゅうぎゅう詰めで寝るので、睡眠は十分にとれません。その狭い寝床は、そばにいる人を、単に三七度の熱のかたまりとしてだけ感じさせます。これは、そばの人の体温で寒さを緩和する冬季の原始的な友情とは克明な対照をなす、刑罰中の刑罰です。自らの最も近くにいる人を嫌うという事実、自らの最も近くにいる人から憎しみを受けるという事実は、非常に不幸なことです。

だが、彼の人生は、刑務所によって完全に潰されたわけではない。監房の中を宇宙にして、いろいろな人との出会いがあり、偉大な思索をして、まるで世俗から離れた聖なる空間で悟ったような、偉大な人となった。

私は、この事件と直接関連があったかは分からないが、士官学校の教官であるにもかかわらず、情報部（韓国中央情報部＝ＫＣＩＡ）において特別教育を受けなければならなかった。

私は数日間、里門洞の施設の中で反共教育を受けたが、それは、教官としての国家観を確固たるものにさせようとするものだったのだろう。教育は主に、反共映画などを見て講演を聞くというものだったが、場所が場所だけに、緊張しないわけにはいかなかった。

私の担当者だという人は、私の居住地などの資料を完璧に所有していて怖くなった。それだけでなく、「このようなことを家族に話せば、翌日ここに引っぱられてくることになる」というような威嚇的な警句も会話の中に入っていて、間接的な怖ろしさも感じさせられた。ところが、この体験が後に、私に大きな幸運をもたらしてくれた。

それは、以下のようなエピソードである。私は軍を除隊して、日本に留学をする目的でパスポートを申請した。だが、当時は身元照会に時間がかかり、パスポートを作成するための書類作成に、一年ぐらいを要した。そうした時代に、旅行社から「何らかの特殊教育を受けた証明はないのか」と言われて、私は情報部で教育を受けたのを思い出し、それを提出して、短時間でパスポートを作ることができたのである。

だが、そのような恩恵を受けたことの裏返しとして、私は日本留学に必要な日本語の勉強をしないままで日本に来てしまい、それは大きな失敗となった。

留学経験のない日本の先生は、私が書いた間違いだらけの書類を見て、私を低く見た。私は、できるだけ日本語を使わず、英語を使った。その当時の多くの失敗は、私の使う、つたない日本語が原因だった。

それは、突然、準備のないまま留学に来た私の失敗なのだが、当時、日本の社会には、まだ朝鮮・韓国への差別が強く残っていた。そうした中で、言葉の壁はこんなにも大きいのだということを実感したのである。時は流れて、私の日本語の上達と共に、日本人というものが理解できるようになった。

国民教育憲章の講義

私はこの陸軍士官学校で、全校生を相手に「国民教育憲章」の解説もした。これは、生徒たちに愛国心を育てるための教育であった。だが私は、国民教育憲章を講義しながらも、それが日本の「教育勅語」から来たものだとは、夢にも思わなかった。私の世代は日本統治時代の教育を受けていなかったので、教育勅語に接することがなかったからである。それを知ったのは、はるかのちのことだった。その時はただ、国民総和のために本当に必要なことであると考え、愛国者のための講義をしたのである。以下に拙訳を掲載する。

「国民教育憲章」

我々は、民族中興の歴史的使命を帯びて、この土地に生まれた。先祖の輝ける精神を今日に生き返らせて、中に自主独立の姿勢を確立し、外で人類共栄に尽くす時である。これに対し、我らの進む道を明らかにしていくことを、教育の指標とする。誠実な心と丈夫な体で、学問と技術を身につけ、持って生まれた各々の素質を開発し、我らの立場を躍進の踏み台として、創造の力と開拓の精神を育てる。公益と秩序を前面に出して、能率と実質を崇めたて、敬愛と信義に根をおろした相互扶助の伝統を受け継いで、明るくて温かい協同精神をつちかう。我らの創意と協力を基に国が発展して、国の隆盛が私の発展の根本であることを悟って、自由と権利に従う責任と義務を果たして、自ら国家建設に参加し、奉仕する国民の精神状態を、より高める。反共民主精神に透徹した愛国・民族愛が我らの生活の道であり、自由世界の理想を実現する基盤である。永く子孫に譲る光栄なる統一祖国の将来を見通して、信念と誇りを持った勤勉な国民として、民族の知恵を集めて、たゆまぬ努力で、新しい歴史を創造しよう。

一九六八年一二月五日　大統領・朴正熙

前述のように、この「国民憲章」は、日本の「教育勅語」をまねしたものと批判された。教育勅語は、明治天皇の勅語として一八九〇年に発布されたもので、大日本帝国政府の教育方針を示すものとして、朝鮮では一九一一年、台湾では一九一九年に実施された。この文書は印刷されて、天皇・皇后の写真（御真影）と共に奉安殿に保管され、慶祝日などには朗読された。そして、一九四八年に、連合国軍最高司令官総司令部（ＧＨＱ）によって廃止された。

勅語と憲章が同じなのか違うのかということについては、読者の判断に任せるが、当時の私は、勅語を知らなかったために、何の疑念もなく憲章を受け入れた。日帝の残滓を非常に嫌がる韓国にも、まだこのように日本帝国主義の遺物が、意外とたくさん残っているのである。

私が陸軍士官学校で国民教育憲章を教えるにあたり、私はただ、愛国的であろうとする態度を維持した。もし私が日本への移住をしなかったら、おそらく今ごろは、かなりの民族主義者、国粋主義者となっていただろう。当時の私は、この国民教育憲章を本当に良い教育指針であると考えて、「歴史的使命」というテーマで一時間あまりの講義をし、一学期の全体を埋めていたのである。

陸軍大尉として

しばらくして、私は大尉に昇進した。大尉とは決して低い階級ではない。野戦軍では中隊長になる階級である。研究室では常に、二人の兵士の助手を持っている。他にも、命令すれば従うべき兵士が多くいる。私は、そうした兵士たちにも、できるだけ人道的に対処しようとした。むやみに彼らを叱ったり、罰を与えたりはしなかった。兵士たちの中には大学の同級生や後輩もいたが、決して高慢な態度をとったり、彼らを無視したりすることはなかった。

だが、この私の小さなヒューマニズムは、兵士たちに「弱気な将校」と思われたようである。将校の中には、怖ろしい人として常に兵士たちに号令をかけ、あたかも上位の階級を楽しむような人もいた。一方、私は兵士との関係は単に普通の人間関係の一つだと思い続けた。戸惑った兵士たちは、私を理解するのではなく、逆に拒否感を持ったようである。平等な人間関係を維持しようとする私の気持ちは理解されず、無力な教官と認識された。自ら進んで難しい試験を受け、そうして入った軍隊社会ではあるが、私にとっては適応するのが難しい世界だった。

しかし軍隊は、そもそもが死と戦争を前提とした特殊集団である。そのため私は、少なくとも軍隊というところでは、兵士が自ら考えて行動するというようなことを期待するのは無理であると判断した。紳士的な礼儀作法では、兵隊を統率することはできないのである。

こうして、「崔大尉（私）」は変わった。まず、月に一度ずつ回ってくる夜間宿直の勤務「週番士官」の時だった。この当番は、陸軍士官学校の兵士、生徒を含め、施設全体の管理責任者として務めるものである。一〇か所を超える警備哨所と生徒宿舎など、多くの施設を守る責務を遂行するために、深夜の巡察をする。この日だけは、実弾を込めたピストルとジープ車を使うことができる。

ある程度の仮眠をとってから、深夜に警備哨所を巡回査察するため、平時には寝るだけの勤務と思われ、特に私が仕官する日は、兵士たちにとっては自由な日であると思われていた。

この日も私は数十人の勤務兵を集めたが、整列もしっかりせず、私語が多かった。しかし、非常事態を前提として兵士の前で訓示をし、それぞれに任務を付与した。

兵士が作った臨時ベッドのそばには二人の兵士を配置し、電話当番を担当するように指示した。彼らもいつも階級に押さえつけられており、たまには自由な時間を持ちたいという気持ちは分かるが、私は私で、無力な教官と思われることに内心では怒っていた。私が階級意識の弱い、軍律を理解していない無力な将校だといううわさに立腹していたのである。

その夜は深夜まで、兵士たちの飲酒による放蕩が広がっていた。確かに私は、自分に与えられた階級を守ることができない、無力な将校であった。そして、自分には生徒を教育する教官としての資格があるのだろうかと常に自問していた。

そのような状況の中、深夜に陸軍本部から非常電話がかかってきた。それに対処すべく私のそばに待機していなければならない電話番の二人の兵士は別の所で寝ていたため、慌てて走ってきた。緊急電話には私が直接対応し、本部から指示された職務を遂行した。ついに私は担当者に責任を問うことを、さらに兵士たちを厳しく訓練する決心をした。

まず私は、この深夜に、夜間勤務兵全員を運動場に非常集合させる命令を下した。そして、最初に集まってきた数十人を点呼した。そして、出てこなかった数人を探して呼んでくるように言い、彼らを運動場に土下座させた。そして短く訓示をして、自ら自由を守るのが紳士であり、私はそれを願ったが、お前たちは奴隷に過ぎない、と話した後、一人ひとりの脚を私のブーツで蹴りとばすという体罰を行った。彼らは痛みよりも、私が虎のように変身したことが意外だというような表情をした。

この体罰をこらえることができず、倒れ込む兵士もいた。私の、一生にたった一度の、残忍な行動だった。そして、一生後悔する行動にもなった。私はこうして、怖ろしい「立派な将校」となったのである。

この夜の話はすぐにうわさになって、次の勤務の時には、兵士の前に私が立っただけで、兵士たちは緊張した。やさしく話しかけても、兵士たちはいつも緊張して聞くようになった。やはり人は、強い面と弱い面を同時に持った方が良いのかもしれないと、私は考えた。

徴兵制度と愛国心

日本人に対し、ある韓国人が、「徴兵制度があるから韓国の男はたくましい」「韓国の男には根性がある」と誇ったという。そして、「日本の男にはそれがない」と。

確かに、韓国は戦前から徴兵制度を持っており、韓国人にはそれが定着しているようである。時には日本人からも、「韓国の徴兵制度がうらやましい」と言われることがある。

だが、ちょっと考え直してほしい。私の母は、私が成長する前に兵役制度がなくなることを願っていたし、私が成長するにつれて、兵役への不安を強めていった。幸い私は戦争中ではなかったが、つらい、厳しい訓練を受けて将校になった。私は、軍隊とは国民を守る、国家による命の保険機構のような存在であると、陸軍士官学校の生徒に教えたことを思い出す。

実際のところ韓国では、兵役をのがれたいと願うのは国民的な希望であり、常に国民の負担ナンバーワンでもある。高級官吏の息子などが兵役を避けようとする不正も、しばしば話題になっている。

ある時、兵役をすませた二人の韓国からの留学生が、自分たちは軍での生活を通じて規則正しくなり、何でもできるという自信がつき、そして国家を守る愛国精神が持てた、と語るのを聞いた。

私は、一九六八年四月に創立された予備軍において、本隊を一九六九年八月三一日付けで除隊したのち、一九九一年まで予備役を務めた。毎年の動員訓練と、大学では予備軍の大隊長も務め、長い兵役の義務を果たしたわけである。また、短期間ではあるが地域の予備軍にも配置され、あとは職場の予備軍も務めている。

こうして私は、二〇代から満五〇歳まで、現役と予備役を含めて長いあいだの兵役の義務を終えて、日本に来たのである。だからこそ、日本の平和憲法のありがたさをうらやましく思った。その日本が今、逆の道に向かいつつあるのではないかと、私は心配している。

近年、各国でさまざまな人々が、世界大戦の「戦後七〇周年」を叫んで騒いでいる。私は、こうしたことが各国の戦争意識を高揚させているのではないかと憂《うれ》いている。日本の靖国参拝に刺激された中国や韓国の軍国化、さらには日本の軍国化を懸念する声も上がっている。戦争を記憶し、平和を追求することは大切である。しかし、戦争を記念しつつ戦勝意識を高めるというのは、よくない傾向だと思っている。

先日、ある韓国系アメリカ人の有名な学者から電話を受けた。彼は、韓国から財政的な支援を受けて、「安倍のヤツ」に対抗する英文の研究書をアメリカで出版したいと言う。さらに聞けば、それは日本政府に対抗するための、慰安婦問題に関する反日的な出版物だというので、私は彼に、学問の客観性のことを指摘した。

すると彼は「そんなものは関係ない」と言った。大変、嘆かわしいことである。韓国人としてアメリカに留学してそのまま住みつき、大学教授をしているような人物でも、韓国の反日思想から抜け出せていないのである。

確かにアメリカは、「人種の坩堝《るつぼ》（メルティングポット）」と言われているが、こうした韓国系の反日感情の強さに驚いてしまい、数日間は気分が重かった。彼らの民族意識は永遠に変えることができないのかと失望している。

軍事クーデターへの失望

私は、一九六〇年の李承晩大統領の下野を覚えている。当時、政治不信はあっても李大統領にはカリスマがあった。「下野」によって世論は変わったが、その後の自由化、民主化の過程は混乱状態だった。私は、革命のあとには社会が安定するまでじっと待つ期間がなければならないと思っていた。

民主化を勝ち取ったあとは、静かに待ちながら協力していくことが必要で、不満や鬱憤を晴らすためのデモは不必要であると考えていた。特に、小中学校やその周辺で行われる大学生たちのデモには、非常に不満だった。四・一九の時にはデモをしなかった三流大学生や中高生、さらには労務者までが、時をわきまえず中心街をふさいで交通網に支障を与え、ある大学生は、首相の出勤を妨害するデモまでした。

私は、韓国の民主化のためには、四・一九革命の結果を静かに待たなければならないということを信じていた。なぜなら、私は民主主義の成熟をしばらく待つことが、国民に民主主義を定着させるためには重要であると思っていたからである。そこに気づかずに行動する、世間知らずの学生たちや知識の浅い群衆によるデモには、本当に心が痛んだ。なぜならそれは、軍事クーデターを招くおそれがあったからである。

その結果、心配していた軍事クーデターは起きた。まさに国民が、クーデターの状況を作ってあげたような結果となったのである。
結局のところ韓国という国は、軍事クーデターによってしか、安定することができなかったのである。私は、本当の自由を知らない韓国の民衆というものに失望した。私は、国民が騒乱に熱狂することなく、静かに成熟してくれることを心から願い、民主主義の安定を祈っていた。それくらい、当時の私は、国家と民族のことを考え、韓国を愛していたのである。私は、民主主義が定着した後に先進化が成り立つというのが、唯一の発展への道であると信じていた。そして、中南米諸国のようなクーデターが起きることを怖れていたのである。

かくして一九六一年五月一六日、来るべきものが来た。朴正熙による軍事クーデターである。その日、私は東大門前に立っている武装軍人の姿を見た。その瞬間、戦争でなければクーデターであると直感した。なにをか言わんや、ついに来るべきものは来たのである。私の失望はとても大きかった。私はまだ結核を完全に治癒できておらず、兵役を延期している時であった。下宿に戻る途中、墨井洞の派出所が夜中に襲撃されるのを見た。それは、戦争の姿そのものだった。私は目の前が真っ暗になった。

クーデターの直後、私は朴正熙が発表した革命公約を読んでみた。その中にあった「反共を国是とする」という文に、私の不安は少しだけ解消された。北朝鮮と対峙して常に威嚇しあっていた当時、「このクーデターは戦争ではなく、韓国をそのまま維持するものである」という、この革命公約が、多少なりとも慰めになったのは事実である。

一方で私がいぶかしく感じたのは、それまでは「反共」と「反日」の二つが「国是（政策標語）」としてあったのに、その二つのうち、公約からは「反日」がなくなっていたことである。それでも当時は、二つの荷物が半分に減った、軽くなった、というくらいの感覚でもあった。

当時は私だけでなく、大多数の国民にとって、朴正熙が親日なのか反日なのかは分からなかった。ただ、彼は戦争を体験した人間であるから、おそらく反共であろう、つまりこの時点で革命といっても、反共を国是にするのではないかと信じて、多少の安堵感を持っていた。北朝鮮からの威嚇を常に感じている軍人として、反共というのは一つの安全ピンになっているだろう、という判断である。それでも重ね重ね、私の脳裏から離れなかったのは、なぜ「反日」はなくなったのだろうという疑問である。その答えは、はるかのちに知ることができた。

初めて朴正熙の姿を見た時、人々は猜疑心を持った。小柄な浅黒い男、その上にサングラスをかけた軍人が、軍事クーデターを起こして政権を握った。

その時まで一般人は、民族の指導者という人物は白いひげを生やした老人、すなわち仙人のような李承晩大統領と同じような人物を思い描いていた。

それに対し、軍人出身の朴正熙の姿は、非常に険しい印象を与えた。当時、こうした朴氏に好感を持つ人は、あまりいなかった。さらに彼のガラガラ声は、より一層、人々の耳を不快にした。こうした彼の人物像は、北朝鮮の金日成とも対照的だった。

韓国の民衆は、回り回って結局、独裁者を招くこととなった。朴正煕のクーデターによって軍事独裁時代になり、そして、大統領の暗殺という悲劇のあと、娘の朴槿恵が大統領になって、国民は失望した。

このような戦後史を、北朝鮮や中国は経験していない。独裁体制のまま安定している。おそらく彼らは、民主主義というものを、不信感を持って見ているだろう。選挙というものが民主主義の最後の防波堤であるが、そのことは、往々にしてポピュリズム、つまり人気主義によるあやまちを繰り返す。今の韓国は、まさにこうした混乱と悲劇を繰り返している。

第六章　性拷問と民主化運動

警察官による性暴行事件

ある日、私は学生からメモのような紙をもらった。それは、小さな文字で書かれたものだった。そこには、ある女性が刑事によって性的な拷問を受けたということが記されていた。

より詳しい内容はこうである。ある日の夜九時ごろ、文という刑事が権さんという女性を捜査課の取調室に呼び出し、腕を背中に回して手錠をかけ、膝を曲げさせ、足のあいだに角材を挟んで、他の刑事たちに性暴行させた。

このような内容の告発が学生たちによって拡散された。またたくまに全国に広がっていったのは言うまでもない。自国の国民をこのように残酷に扱うのかと、女性の羞恥心を利用した性拷問に対して、全国から憤怒の声が上がった。そしてそれが、一九八〇年代の韓国における民主化の大きな起爆剤となったのである。

確かに、学生デモが激しかったころには、性的なスキャンダルで教授が学校から追い出されるケースも多かった。一般的に韓国人は、体の露出に対して、非常に懸念する。性に関するタブーも強く、法律的にも厳しい。朴正熙大統領の時代には、売春や淪落行為の取り締まりをし、秘密のダンスホールを急襲して、そこでダンスをしていた主婦たちをトラックに乗せ、見せしめのために市内を回ったりもした。

そして、一九八六年六月四日、全斗煥独裁政権のもとで起こったのが、警察による、この「権仁淑《クオン・インスク》さん性拷問事件」である。当時ソウル大学の学生（衣類学科の四年生）だった権さんは、学生の身分でありながら人権運動をする目的で、京畿道・富川市にある会社に偽装就職するため他人の住民登録証を偽造したという罪で捕まった。そして、仲間の隠れ場所を白状するよう尋問され、担当の文貴童刑事から性的な拷問を受けたのである。

権さんは夜九時ごろ、富川警察署に連行され、翌日の三時まで尋問されたが、警察側はその尋問結果に満足せず、六月六日と七日の二度にわたって、手錠を掛けたまま彼女を強姦し、性的な拷問をしたという。彼女は、七月三日に文刑事を強制わいせつの罪で仁川地検に告訴し、真相究明を求めた。しかし、逆に彼女は、公文書偽造、窃盗、文書破損などの疑いで拘束され、起訴されたのである。この事件は、韓国では広く知られている。

権さんは、面会に行った父母を通してこの事実をマスコミに知らせ、事件を公にした。しかし警察当局は、刑事の文氏が捜査に熱心なあまり、偶発的に彼女の胸を軽く触っただけである、と発表した。これに対し、権さんを守るために、史上最大規模と言われる一六六人による弁護団が作られた。

宗教団体を始めとする「女性団体連合性拷問対策委員会」が設けられ、「生命の象徴である人間の性を、拷問の手段として悪用し、人間の尊厳性を侵害した」と訴えた。七人の弁護士が検察に告発した。

この性的拷問が暴露され、大きな社会問題となり、同じく治安本部による水拷問で亡くなった朴鍾哲氏の事件とともに、八六年から八七年の民主化運動の大きな力となった。こうして、全斗煥軍事独裁政権の社会的な横暴と軍事政権に反対する、いわゆる「富川署性拷問事件」は起こったのである。

政党や女性団体、宗教団体などが集結して「性拷問汎国民暴露大会」を開いたが、こうした集会は警察によって封鎖され、検察の捜査結果も変わらなかった。

文刑事には強姦罪は成立せず、権仁淑氏だけに一九八九年、懲役五年の刑が決まった。しかも検察は、「権氏による『性的侮辱』の虚偽事実の流布は、反体制勢力は性さえも革命の道具として利用する、という証拠だ。女は汚い」と言い放ったのである。

権仁淑氏は一九八七年七月八日に、良心犯の釈放を要求する世論に基づいて仮釈放された。その後の一九九四年に、女性学専攻のため米国に留学、現在は明智大学の教授として在職中である。一方、刑事の文貴童氏は二〇一〇年五月から、キリスト教の放送局ＣＴＳの社長を務めている。事件の真相は不明であるが、韓国人の性意識への原動力が、民主化運動の大きな起爆剤になったことは確かである。

ここまで述べてきたように、性暴行や売春は戦争中だけに限られた現象ではない。それが戦後も続いており、現在も韓国では売春があり、しかも「売春天国」とまで言われるようになった。韓国には、「売春に従事している女性が百万人」もいるという（検察庁と女性開発院の報告書）。淪落行為等防止法（相手方も一年以下の懲役か三百万ウォン以下の罰金）も、青少年保護法（未成年者に金品を与え性行為をすると一年以下の懲役）も、売春防止に対して、ほとんど効果が出ていない。

ここで、どうしても私には、一つの疑問がわいてくる。なぜ、明らかな犯罪である国連軍の性暴力、つまり米兵が朝鮮戦争の時にひどい性暴行をしたということは、彼らにとっての問題にならないのか。なぜ韓国の人たちは、このことを取り上げようとしないのか。

確かに国連軍や米軍が北朝鮮から韓国を守り、自由民主化のために大きく貢献したことは否定できない。韓米行政協定によって、米軍兵士を韓国の国内では裁くこともできなかった。このため、米軍による人権侵害も、社会的に大きな問題になることは、ほとんどなかった。これは、韓国政府の経済政策と、韓米友好関係の維持という、政府の政策によるものだった。

在韓米軍は二〇〇八年の時点で、二八、五〇〇人が駐屯している。そして、彼らを積極的に批判する政策は取られていない。つまり、戦後も米軍の買春は多くあったが、法律的な制約もあまりなく、そのため、米軍による強姦や買春は政治的、社会的に大きな問題になることはなかった、ということである。

確かに米軍は、朝鮮戦争における恩恵深い友好軍であり、その駐屯は朝鮮半島の安全保障の象徴的な存在だった。すなわち、安全をくれた彼らに、命よりも尊い「貞操」を捧げるという論理なのである。国連軍や米軍に対しては、一部から「不道徳な性生活」「性病・麻薬中毒者」「社会病理の温床」という指摘もあるにはあるが、米軍側は韓国政府の手厚い庇護のもとにあり、米軍の性暴行や買春については、韓国政府は大きく問題にしないのである。

今、韓国政府は慰安婦問題を、政治的・外交的カードとして頻繁に使っているが、これは決して良いこととは言えない。こうした戦後の問題は他国だけの現象ではなく、歴史的に古くさかのぼる、韓国自身の問題だからである。

性の問題に関して、フェミニズムとナショナリズムは、常に緊張関係にあったが、敵対（？）する日本に対するものとは対照的に、アメリカに対しては非常に寛容だった。

つまり、米軍相手の売春は比較的自由であり、法律的な制約もあまりなかった。朝鮮半島の安全保障のためには、韓国政府に協力している彼女たち売春婦の行為は、ある意味で愛国的な行為と考えられたからである。だから、米軍の性暴行や犯罪に対しても、厳しい措置は取られなかった。

しかし、さすがに近年では、女性の人権に対する関心が高まり、米軍の性的暴力を批判する動きも出てきている。そしてここでも、儒教的な性倫理・貞操観というものが、政治運動の原動力となっているのである。

妓生《キーセン》と売春

現代の売春婦たちの中には、「セックスワーカー」、つまり、セックスを売ることは労働であると考える者もいる。同時に、社会福祉にたずさわる人や人権活動家たちによって、こうした売春婦たちに対して、新しいアイデンティティや職業的なプライドを与えようと、社会的な対策もいろいろと行われている。こうした動きによって、売春は、社会問題でありながら、労働問題でもある、というようなアイデンティティができあがった。

それによって、売春婦は次第に、快楽を追い求める魅力的な存在にすらなっていった。彼女たちの行為は、社会的な良心、同情、および博愛の観念で理論化され、援助と管理という面から考慮されるようになった。そして、経済と貧困、出入国管理、組織犯罪、健康管理、性感染症の予防、暴力行為の防止、人権擁護、社会的差別の撤廃、買春ツアーの監視、出産、小児愛、児童労働などへの対策が取られるようになったのである。また、売春婦たちの更生を援助するプロジェクトなども行われている。

私はかつて、古代ローマのポンペイ遺跡に残されたセックス文化を見て驚いたことがある。セックスの売り買いは、一一～一二世紀までは、聖アウグスチヌスのような神学者も言うように、必要悪（宮殿の下水道）だった。そして、一定の地区には、商行為としてのセックスがあった。また、中世の都市生活においても不可欠なものだった。だからこそ、多くの文学の対象にもなった。しかし一八二二年、売春婦が初めて「犯罪者」となった。それは、王族の快楽主義を抑圧する、英国のプロテスタント運動によるものだった。

現代の調査になるが、アメリカに移民してきたある女性は、セックスワーカーを選んだ理由として、収入の良さ、時間的な融通性などを挙げた。売春で得る収入によって、社会的な地位も向上したという。彼女は、本国におけるレイプ、拷問、親族殺人などから逃げてきており、それに比べれば、現在の生活環境は非常に安全で快適だと言う。しかし同時に、売春は不名誉なことであるという意識も持っている。アメリカでは、ネバダ州のように売春が合法化されている地域も多い。それらの社会では、こうしたセックスワーカーや売春行為を否定的に扱うことは、職業差別につながることさえあるという。

こうした思想は、韓国政府が、米軍を相手にする売春婦たちを愛国者のように考えていたことにも通じるのではないだろうか。韓米行政協定があるから、韓国人が殺されても、米軍兵士を韓国で裁判することはできなかった。だから、売春に関しても、積極的な政策を取らなかった。

約四万人弱の米兵に対し、彼らの相手をする売春婦は、戦後四〇年間において二五万人から三〇万人とされている。ちなみに現在の韓国では、専業売春婦の数は一〇〇万人を超えているという。

一九七〇年代の朴正熙大統領時代には、妓生《キーセン》観光があった。政権は、経済開発政策のために、こうした妓生観光を奨励した。政府は、離農した女性、失業した女性たちを集めて「あなたたちは愛国者である」と言い、妓生としての素養教育を施した。彼女たちによる売春は、外貨を獲得するための行為として黙認された。深夜一二時以降の通行禁止時間にも、彼女たちは例外として通行が可能だった。ただ、経済的には効果があっても、国民の支持を得ることは、なかなか難しかった。

韓国政府は、観光振興法に基づいて、国際観光協会に料亭科を設置し、妓生には接客員証明書を出し、それを所持した女性が、合法的に営業をした。特に、日本からやって来る男性が多く利用したので、日本人は「セックス・アニマル」と言われて反日感情が高まり、日韓関係が悪くなったこともあった。

そんな中、ある妓生の女性が「(日本人に)煙草の火を全身に押しつけられ、もう我慢できない」という遺書を残して飛び降り自殺し、社会問題となった。またも女性団体が中心となってこの事件を調査し、韓国内だけでなく国際的にも取り上げられた。それをテーマとした演劇の上演もあった。

平壌の妓生学校（絵葉書、民俗苑提供）

しかし一方で、男性に関しては、子孫を得るためなどと言って側妻を持つことが容認されたり、伝統的に妓制度も存在した。男性どうしの会話に性的で卑猥な言葉が頻繁に現れることも、それを象徴するのではなかろうか。韓国の大学教授が会食するような場合でも、猥談を楽しむことは極めて一般的である。ある教育委員長は、数百編の猥談を即座に話せるという。性的な問題に対して比較的融通性のある日本とは違って、儒教文化が体面を尊重しながら表の文化を作ってきた韓国社会では、男性が裏で性的に放任されてきた。このような歴史的背景が、現代社会にまで、つながっているのである。

それに対し、韓国の女性史研究からも分かるように、女性には婚前の純潔と一夫従事の貞節が強要されている。貞節が婦徳の基本とされ、それが体制を支配するイデオロギーとなった。貞節は、女性にとって命より大切なものと見なされる。こうした儒教倫理的な思想をバックボーンとして、韓国人の貞操観は強く守られてきたのである。日本統治時代の天皇制も、朝鮮伝統の家父長制を強化した。それは、現在の学生たちにも、延々と続いている。

だが、このような儒教倫理の強い伝統社会においても、売春はあった。つまりそれは、貞操観念を女性には厳しく要求しながら、男性には買春や側妻を囲うことを許容するという、二重規範（ダブル・スタンダード）である。しかし、二〇世紀初頭の「開化」以降の近代化によって、性モラルは激しく変化した。中でも、日本の植民地における遊郭制度、朝鮮戦争の時の売春などがその契機になった。特に、朝鮮戦争において、国連軍の性暴行によって村の女性の貞操が守りにくくなった時、村の人々は儒教的な性倫理を部分的に緩和し、売春を公に認めるようになった。そのため、売春婦たちは、強姦を怖れた住民たちに歓迎された。

韓国では約二万八千名の米兵が、九六か所の地域で八千万坪の土地を占有している。韓国の小説『糞地』には「韓国の地はアメリカ帝国主義の糞で汚された地である」と書かれている。著者の南廷賢は、この「糞地筆禍事件」によって一九六五年に起訴され、有罪判決を受けた。

論介を祀る祠堂。韓国では観光名所の一つとなっている。

日本に駐屯している米軍よりも、韓国に駐屯する米軍の買春の方が盛況であるという。韓国政府は、米軍の買春を積極的に取り締まる政策は取らなかった。これは、戦後間もないころの日本と似ているかもしれない。日本の占領軍と当時の日本政府・日本国民の意識も、やはり同じようなものだったのではないだろうか。

日本でも当時、日本女性が米兵から性暴行を受けた記録がたくさんあるのに、国民も政府も、あまり大きな問題としては取り上げなかった。しかし最近では、沖縄での性暴行事件などがあれば、とたんに大騒ぎとなる。そして韓国でも今になって、女性団体などによって、米軍基地周辺の村での売春が、民族の恥辱として語られるようになったのである。

その一方で、豊臣秀吉の朝鮮侵略の時に妓生の論介《ノンゲ》が敵の武将を抱いて川に落ち、投身自殺したという伝説の義岩がある場所では、女性観光客がコスプレのように伝統衣装を着てみるのが、観光の名物となっている。

また、広い公園内には愛国忠誠の記念碑などが立ち並んでいるが、なぜか、新しく作られたものほど古い時代を扱っている。私はここに、不自然な伝統文化の創出、いわば捏造を感じた。

朝鮮戦争と反共意識の拡大

韓国の国民は、朝鮮戦争という外国勢による戦争に巻き込まれたことによって、民族意識というものが強くなったのかもしれない。中でも共産主義への反感、「反共」意識を強く持つようになった。これは、朝鮮戦争から得られた大きな教訓だった。

先にも触れたように、当時は、反日思想と反共思想という、二本の国是の柱が立てられていた。だが、多くの国民にとって、反日感情はあっても反共にはあまり実感がなかった。しかし、朝鮮戦争後にはそれが一変して、反共思想も一般化するようになった。学校では反共教育が徹底され、政府は政権維持のために、北朝鮮の挑発を理由に、愛国心による総和団結を呼びかけた。

私は一九五三年に中学校に入学したが、黒板の両側には、「反共」「反日」と、赤で書かれた札が掛かっていた。学校では、ほぼ毎日、「六・二五の歌」「統一の歌」を合唱させられた。前者は、最後まで敵を刺し殺すという内容であり、後者は、輝く国旗のもとに国を統一しようという内容である。私は歌詞の一部を今も覚えている。(以下は拙訳)

〈六・二五の歌〉

ああ忘れられない、私たちのこの日を
祖国を敵が踏みつけてきた日を
素手の拳で、赤い血で、敵を撃退して
足で土地を強く踏み、激怒した日を

いまや復讐しよう、その日の敵を
追われる敵の群れを追い払い
敵の一人まで打ち倒して
今に輝く国の我が民族

こうした強い反共思想は、結果として軍事政権を生んだ。また、日本人に比べて韓国人は団結心が弱いと反省する言葉が流行した。一人ひとりの日本人は弱くても、複数となった日本人は、怖ろしいほど団結力が強い。一本の矢はすぐに折れるが、複数になるほど折れにくいという昔話が、小学校の教科書に載った。

李承晩大統領は「団結すると生きる。分裂すると死ぬ」というキャッチフレーズで国民に団結を呼びかけた。そして、北朝鮮の脅威から国を守るために、反共を主張した。朴正熙は、反日よりは反共を強調しながら軍事独裁政権を続けた。反共は「親米」を意味するようにもなった。

韓国政府は、国連軍が朝鮮戦争で守ってくれたことへの恩返しと、韓国軍の強さを国際的に誇示するような宣伝をした。しかし、「アメリカは実弾を提供し、日本は物を売り、韓国は血を売った」という言葉が流行し、次第に反戦的な世論も出てきた。そんな中でも、ベトナム戦争へ行って無事に戻れたら豊かに暮せるという、夢を持たせるような宣伝は続いた。

安夕影氏は一九四七年に「我らの願いは独立」を作詞し、国民的に愛唱されるようになった。それが一九五〇年の朝鮮戦争後に「我らの願いは統一」と変わり、より多く愛唱されるようになった。今では、国民的歌謡「統一の歌」として、南北両方で歌われている。

この歌が、韓国はもちろん、北朝鮮でも愛唱されているという事実を、私は二〇〇二年に北朝鮮を訪問した際に確認した。

歌の作曲者は、有名な童謡作曲家の安丙元先生である。安先生は、私の景福中学校時代の音楽担当の教師でもある。その安先生のお父さんが、作詞者の安夕影氏である。

私の恩師の安先生は、カナダのトロントに移住して活躍し、二〇一五年に亡くなられた。享年八九だった。（以下は拙訳）

〈統一の歌〉

私たちの願いは統一
夢にまで願うのは統一
この真心を尽くして統一
統一を果たそう

この同胞を生き返らせる統一
この国が探し求めている統一
統一よ、早く来い
統一よ、来い

第七章　韓国人の貞操観念

反日とナショナル・アイデンティティ

韓国の建国精神として柱となる二つのイデオロギーは、先にも述べたように、反共と反日である。政府は北朝鮮の挑発を理由に愛国心による総和団結を呼びかけ、それによって韓国の国民は、「反共」意識を強く持つようになった。

日本に対する従軍慰安婦問題が、全ての韓国人の貞操が日本人によって犯されたかのような強い「反日」感情と結びつくのも、そうした流れの一つであろう。つまり、貞操をナショナル・アイデンティティ（国民意識）の形成に利用したのである。

貞操とは、男女がお互いに性的な純潔を守ること、特に女性の、男性に対する純潔を言うことが多い。これは、ある意味「東洋的なもの」であると言えるかもしれない。

孔子は『論語』において、男女関係の性に関して直接言及することはなかったが、君子の三つの禁忌すべきことの一つとして「色」を挙げている（君子有三戒。少之時、血気未定。戒之在色）。これは禁欲的な意味が強いものであり、制度的なものではない。しかし、その後の長い歴史において、社会制度として定着していった。その性倫理が制度化したのは、宋時代の朱子による。これが、特に東アジアに影響したのである。

韓国の性倫理は儒教によるものと言われるが、それは基本的には、女性の性をもって社会の性倫理を立て、管理するというように考えられている。つまり儒教による性倫理というのは、個人ではなく社会によって抑制されるものだと言える。

韓国人は、性を抑制するために、禁欲ではなく、謹慎する。処女の貞操は結婚相手のための留保であり、「草鞋《わらじ》にも対がある」ということわざのように、人間は誰でも結婚すべき宿命であるとされている。

したがって不婚は、本人にとっても、社会的にも、不幸なこととなる。特に未婚のまま死ぬことは、怨恨にもつながり、家族や社会に対して迷惑をかけることにもなり、かなり否定的に考えられる。

結婚は通過儀礼であると共に人生の最低の条件であり、誰もがするべきことであるが、しかし結婚は一生に一度だけ。こうした倫理が強く残っており、特に女性に対して、初婚が失敗しても再婚は許されないというような儒教倫理にもつながるのである。

朴正熙大統領のころからずっと、北朝鮮の脅威を常に政治に利用してきたため、国民はすっかり鈍感になってしまったという声がある。だが、脅威に鈍感となれるのは、逆に幸せなことだと言う人もいる。一方で、いつ起こるかもしれない現実の戦争に対しては鈍感でありながら、それとは対照的な「過去の戦争」、その「歴史認識」には、非常に敏感である。戦後七〇年以上が過ぎた現在、それらをどう受けとめるべきなのだろうか。

私から見ると、二つの国のあいだで、相違と相似が混合しているように感じられる。これが、互いに誤解しやすい要因になっているのではないか。韓国は、家父長制的な倫理に対する反省も足りぬまま、貞操観をもってナショナル・アイデンティティを強調し、日本を非難する。自分たちは、米軍の性暴力や彼らへの売春婦の提供に関しては何も言わず、朴正熙時代には売春婦たちが「愛国者」と言われたことすらあるのに、である。

ドラマ「冬のソナタ」に見る韓国人の貞操観

では、現代の日本人は、韓国人の貞操観をどう見ているのだろうか。二〇〇四年一〇月、広島のある女子大学の生徒たち四四名に、かの有名なテレビドラマ「冬のソナタ」の大筋を説明し、段階的に画像を見せてからレポートを書かせたものを、以下に紹介する。

まず、大筋のストーリーは次のようなものである。

女子高校生ユジン（チェ・ジウ）は、実の父親を探すため春川に転校してきたチュンサン（ペ・ヨンジュン）と恋に落ちる。チュンサンは交通事故で記憶喪失となり、アメリカに渡って、名前も人格も変わった別人、ミニョンとなった。それから一〇年後、大人になったユジンの前に、アメリカから帰国したチュンサンが現れる。

ある時、ユジンの婚約者であるサンヒョクが彼女をベッドに押し倒すが、ユジンは抵抗して逃げ出してしまう。ユジンはチュンサンに「愛しています」と告白する。再び恋に落ちた二人は記憶をたどる。ユジンとチュンサンは、二人だけの結婚式を挙げようとする。だが、チュンサンは倒れ、病院に運ばれる。医者からは失明の怖れもあると診断される。物語では、二人が異母兄妹なのではないか、という疑惑がつきまとう。

ドラマ「冬のソナタ」

次に、この物語の内容についての、女子学生たちの感想を抜粋し、要約して紹介する。

・「冬のソナタ」が大好きでずっと見ていました。あのような純愛をしていきたいと、すごく憧れました。今の日本人は自分を大切にせず、すぐ肉体関係になってしまっておかしい。韓国では、結婚するまで処女を守る人が多いということを知ってビックリした反面、憧れもありました。日本の若者は平気で体を許し、肉体関係は当たり前になっています。

•「冬のソナタ」では、ベッドシーンなどエロティックな場面は、ほとんど出てこない。韓国では婚前性交を敬遠する風潮があるというが、何十年も前の日本もそうだった。しかし今では、特に若い世代において、婚前性交を当たり前とする空気が流れている。そして、中年の女性が、かつての自分の若いころの時代を思い出し、ハマっているのではないだろうか。今の行きすぎた日本の若者の価値観を変える、見直すためにも、かつての日本を思い出させるような「冬のソナタ」などが、そのきっかけとなってほしい。

•「冬のソナタ」の現象には、やはり性の問題がとても深く関係しているように思う。今の日本のドラマや映画は、リアリティを追求するがゆえに、性をしっかりと描写している。なぜなら、今の若者たちは、愛＝セックスというように、つまりは、愛があるならばセックスをするのは自然なことであると考えているからであろう。母とともに何度か「冬のソナタ」を見たことがあるが、ことあるごとに、親が子供の恋愛に対して口を挟んでいたように思う。恋愛について反対だとか賛成だとか、韓国では親の意見はとても重要なものなのであろう。

•いまだに純愛をしている韓国だからこそ、できたドラマだと思います。処女率の日韓の差に驚きました。

•私は今の社会の中で育ち、現代の性社会の中で暮らしていますが、このように今もなお性を大切にしている国々を心からうらやましく思い、尊敬すら覚えます。日本において、どうしてこんなにも性に対する意識が変わり、自分を大切にできない人が増えてしまったのか、私にとってはそっちの方が不思議に感じます。

•「冬のソナタ」を私も母と一緒に見ていた。ドラマの中では、記憶喪失など、日常ではあり得ないようなことが次々と起こり、毎回テレビに向かって「それはないだろう」と、一人でつっこみながら見ていた。ドラマを見終えて、不思議に思ったことがあった。日本のドラマだと、恋人どうしになった二人のベッドシーンはよくある。しかし「冬のソナタ」では、結婚前にユジンをホテルに連れ込んだサンヒョクに対し、ユジンは怒ってしまうのである。この場面を見たとき私は、恋人どうしなのに性関係を持たないということが不思議だったが、ユジンはきっとサンヒョクのことが好きじゃないからセックスを嫌がったんだと勝手に解釈した。しかし本当は、結婚前の純潔を守ることが韓国では一般的なのだ。

•韓国のドラマには、日本のドラマと違って、恋人どうしが性関係を持たないプラトニック・ラブのものが多い。一方、現在の日本では、「できちゃった婚」などという言葉があるように、結婚前に子供ができたカップルはたくさんいて、性関係を持たないまま結婚するカップルは少ないと思います。

•私は「冬のソナタ」を最終話まで見ましたが、本当に男女の関係が純粋で初々《ういうい》しく描かれたドラマなので、今の日本のドラマにはない新鮮な印象を受けました。しかしながら、やはり韓国の伝統や文化は、今の日本とは大きく異なるものだとも感じました。例えば、サンヒョクがユジンをホテルに連れ込んだときも、二人は近いうちに結婚も考えている婚約者どうしなのに、ユジンは本気で嫌がっていたし、何より驚いたのが、そのことでサンヒョクの父親が激怒したことでした。出会ったばかりのカップルでもないし、すでに結婚を決めているので、本人たちの好きなようにさせてあげてもいいと思いました。

•「冬のソナタ」には、日本の恋愛ドラマなら必ずあるような、キスシーンなどのラブシーンがあまり出てこない。それは純愛をテーマにしているからだけではなく、韓国の恋愛観にも関係があるようだ。

•誰もが認める純愛の姿だ。「冬のソナタ」が三〇~四〇代の女性、またはそれ以上の年齢の人に支持され、二〇代未満にあまり支持されないのは、そういった純愛の基準のズレではないだろうか？　最近の日本のドラマは、だいたいベッドシーンがあるから、三〇~四〇代の女性たちには、純愛とは思われないのだろう。純愛に飢えた彼女たちは、「冬のソナタ」のような恋愛に憧れを持って、ハマってしまったのではないだろうか。

•私はどちらかというと、「純潔」という言葉に重たいものを感じる。フリーセックスとまではいかないが、心に決めた人ならば性交を行ってよいと思う。

•最近の日本のドラマでは見られないものがそろっている。また、ベッドシーンがないことが、どの年代でも、特に高齢の女性が見やすい理由であると思う。サンヒョクがユジンをホテルに連れ込んだシーンで、婚約をしていたのに二人のあいだには性交渉がまだなかったということを知り、現在でもそのような意識が根強くあるのだということを知った。婚約をしている者どうしが性関係を持たないのは、日本では、ほとんど考えられない。

•冬のソナタは日本の三〇代、四〇代の女性に人気がある。この年代は、子育てがひと段落した女性や更年期障害を抱えた女性が多く、むなしい心を癒してくれる道具として、純愛ドラマはぴったりのものだったと考えられる。

•私は「冬のソナタ」を初めて見たとき、古臭いな、現実ではこんな設定はないよ、と思った。このドラマには、ラブシーンがない。それは韓国人の性意識と関連している。

•私の場合は、結婚するまで処女であるということはないであろう。

いかがだろうか。戦後七〇年以上が経った「現代の」日本と韓国のあいだでさえ、これだけの貞操観の「違い」を見つけることができるのである。

二〇歳前後の女子大学生たちは、三〇～五〇代の女性たちが韓国ドラマに強く関心を持つことに対して、世代の差を感じている。二〇歳前後の女子大学生たちにとって、三〇代以後の女性が非現実的な純愛を美化したり、パーフェクトで王子様のような男性と純愛をしてみたいと思ったりすることは、日本ではもう古臭いと映るようだ。

彼女たちはむしろ、現実的にカッコいい男性と会って自然にセックスをし、より人間的に描写されたものの方に関心があるようだ。あり得ないストーリーや、パーフェクトな人間として設定された主人公たちに比べて、こうした大学生たちは、むしろ、ライバルとして登場する女性チェリンや、恋がたきの男性サンヒョクのほうが、より人間的だと思っている。

ユジンは、チュンサンの事情がいかに変わっても、彼を忘れずに待ち続ける。これは、伝統的な韓国の女性の「一夫従事」の貞操観を連想させる。このドラマでは、現代社会をリアルに描写するよりも、理想化してプラトニックに加工し、最後までセックスのシーンはない。原作では最後に結婚しているが、ドラマではロマンチックに終わる。ベッドシーンはなく、ある女子学生は「子供の恋愛のようだ」と言った。

また、アジア諸国に滞在してきた、ある日本人商社マンはこう言った。

「世界にはまだ、結婚相手の女性に処女を求める国がたくさんあります。でも、考えてみると、日本も二〇年くらい前まではそうでした。私が中学生のころは、男性は当然のように結婚相手に処女を求めていた。そのころテレビで、アメリカの男性たちが『結婚相手は処女じゃない方がいい』『いろいろ男性経験を積んだ女性を人生の伴侶にしたい』と言うのを聞いて、ショックを受けたのを覚えています。でも、僕が二〇歳になるころには、日本でもそれが当然になっていました。アジア諸国も、あと一〇年も経てば、それが常識になっていくでしょう。そして、結婚相手に処女を求めるような男性は、バカにされるようになるかもしれませんね」

日本に比して、なぜ韓国や中国の人々は、処女性（virginity）、あるいは婚前の性交にこだわるのだろうか。韓国では今、処女膜の復元手術が流行しているという。

宗教観と貞操観

トルストイは、性欲との戦いが最も難しいと述べている。また、貞操に関する問題は、宗教の重要なテーマでもある。古くから、酒色による失敗を戒める禁欲は、社会に存在している。

韓国の儒教化といっても、表では儒教的な厳しい倫理観を保ちつつも、裏では猥褻問題やセクハラなどが多く、表裏の二重構造を持っている。前述したように、そこでの貞操観は、主に女性に対してのみ、身体的な「純潔」や「処女性」を要求しており、不平等、すなわち女性に対してだけ異なる規範やより厳格な規範の適用が強要されるような、二重規範がある。このため、「処女」「純潔」を失った娘は、父母の怒りや悲嘆はもとより、社会の嘲罵を一身に集める。

その一方で、男子が童貞でないことは、結婚に不利な条件とはならない。もし結婚時に男子の純潔を問題視する者があれば、世間知らずを笑われるくらい、男は一般に純潔ではないのが普通とされ、当然とされている。

女性が処女であることは、将来の夫のためのものとして意味があるのであり、純潔も夫のものなのである。再婚も、男性に対しては何の問題にもならないが、女性には問題となる。つまり、女性には貞操を守ることが妻たるものの義務とされるのに、男性には買春や側妻も容認される。このような構造では、性的な紊乱《びんらん》が潜在化するのは当然である。

世界を見れば、新婦の純潔性の確認を、結婚の儀礼として行う社会もある。地中海のある社会では、娘の貞操、つまり処女性を守るために親が娘と寝所を共にし、一九三〇年代までは、結婚式を挙げた初夜の翌日、その血の付いたシーツを外の人々に見せる慣習があったという。こうした慣習は、東アジアの儒教社会における貞操観念と、非常によく似ている。

キリスト教の性倫理は、儒教的な性倫理とは対照的である。キリスト教では、新約聖書で語られるように、できれば結婚せず、禁欲することを勧めている。

哲学者のミシェル・フーコーは「貞操との戦い」という論文で、カッス（Cass）の理論を紹介しながら、貞操の主観化を重要視した。特に聖職者などが、肉欲的衝動や刺激に対して、意識的・無意識的な次元において、どのように抑圧しているかを述べている。例えば、意識下での自慰、無意識下での夢精などについて、どのように対処するか、といった問題である。

韓国の場合は、こうした性を抑制するというよりは、特定の人間関係の方に焦点を置いていると言える。私は、その典型的な例が、韓国社会における貞操観念と再婚禁止だと思う。韓国で辞典的な意味での貞操と言えば、「男女が互いに性的関係の純潔を守ること、特に、女性の男性に対する純潔」を言うことが多い。これは、キリスト教において自慰や夢精などを制限するような、つまり「自分自身における禁欲」という意味が欠落した定義であり、このあたりが、極めて東洋的なのである。

しかし戦後になって、側妻が禁止されることで女権が上昇し、相対的に男性側の浮気や買春を制限するようになるなど、逆説的に性倫理を導入することになった。さらにキリスト教の普及により、禁欲思想も多少は入ったと思われる。

だが、もともとの韓国人の貞操観は、西洋的な禁欲主義とは異なっており、父系制による男尊女卑の性差別構造から来たイデオロギーという傾向が強い。それは、現在にも強く残っている。キリスト教の普及によって、多少は禁欲の思想が入ったものの、根本的に儒教思想を変えることまではできない。このような儒教的社会からは、貞操を犯された女性たちが抜け出ようとする。例えば売春婦の中には、日本やアメリカへ脱出しようとする者が出てくる。もちろんそれは、貞操だけで説明することはできず、経済的な要素や、自分をよく知る土地から逃げようとする普遍的な心理から来るものもあるだろう。特に、中国にいる朝鮮族の女性たちが韓国で結婚するために流入する現象は、主に経済的な理由とされている。

一方、仏教でも、肉欲を内面的に抑制し、罪あるいは悪いものであると考える。このように、キリスト教や仏教では、性的抑制の禁欲が主である。それに比べて、儒教においては、客観的あるいは社会的な性倫理が重視される。だから、韓国の貞操観は、性自体を控えるものではない。もちろん孔子の教えにも、禁欲主義的な点が見られないことはない。しかしそれは強調されていないし、歴史的にもそれらが教義として発展してきたとまでは言えない。この点、西洋のキリスト教と東アジアの儒教の性に関する倫理は、非常に対照的であると言える。

また、韓国の性倫理は、日本のそれとも根本的に異なる。韓国では、儒教とキリスト教による貞操観の影響が強いが、日本では、そうしたものは相対的に弱い。したがって、日本に比べれば、韓国人は、婚前性交への関心、性欲の抑制、守節という意識が強い、ということになる。韓国人たちの貞操観を象徴的に見せてくれるものとして、済州島のような、新婚旅行に人気のある場所では、「初夜に相手が処女でないことを知って離婚するカップルが多い」と聞いた。また、韓国の多くのドラマでは、男性が恋人である女性をアパートまで送って行っても、ちゃんとアパートの前で別れる、という場面を見せる。こうしたことからも、現在における韓国人の貞操観念の強さを知ることができる。

現代では少しずつ変わりつつあるとはいえ、「儒教」の文化・習慣の影響の強い中国や韓国の若者の婚前性交に対する考えは、まだまだ保守的なのである。だから女性も、処女性は命よりも尊いと思い、先述したように、処女を失った多くの女性が処女膜の再生手術を受けているわけである。中国でも共産党が、女性中心に婚前性交を厳しく統制しており、日本に比べれば、ずっと保守的な意識を示している。

「青少年の性行動」という調査報告によると、いわゆる完全な「フリーセックス」という回答が、日本人の男子では九一・七％、女子でも八七・三％にのぼるという。また、「女性は結婚まで処女でいるべきだと思いますか？」という質問については、日本人のイエスが八・一％であるのに対して、外国人のイエスは六一・五％にも達したという。

この調査の中で、二五歳の韓国人男性（学生）は、「私は、宗教のことまでは言いませんが、それでも、誰とでもセックスするのは『悪』だと言わざるを得ません。特に女性は、非常に純粋な処女性を持っているのですから。あなたが街の娼婦と結婚したところを想像してみてください。その女性は、あなたの友人や親戚の人たちと寝たかもしれないんですよ！　それを許せますか?」と言っている。

実際、アジアでどのくらいの人が「女性は結婚するまで処女でいるべき」と考えているのかは分からないが、少なくともアジアの中ではかなり発展した国の一つである韓国の男性（二六歳・会社員）は、「韓国では、七割から八割の男性が、結婚相手に処女を求めています」と言っている。

また、アジアの大国、中国の女性（二二歳・留学生）は、「中国では最近、性の解放が急速に進んでいますが、それでも男性の多くは、いまだに処女を求めています。彼らは、口では『処女かどうかは関係ない』と言いますが、心の中では、やはり処女を望んでいるのです。私は、そういう進歩的な男性と何人か付き合ったことがありますが、私が処女ではないと告げると、みんなショックを受けていました」と言う。

だが、一九九六年、ソウル大学の大学新聞が、開校五〇周年を記念して、大学生七三八人、大学院生二二五人を対象に実施した意識調査によれば、「結婚前の純潔」に対して、男子学生の四六・五％、女子学生の四五・四％という、およそ半数近くが「守らなくてもよい」と答えている。一方で、実際に「性経験がある」と答えた学生は、男子が二八・四％、女子が一二・九％であった。

また、同じ年度にソウル女子大学の学生生活研究所が在学生四九五人を対象に性意識調査をした結果でも、「婚前の純潔」について「男性は純潔を守らねばならない」が六八・一％、「女性は純潔を守らねばならない」が七二・一％という数字が出た。これは女子大の調査ということで、女性が女性の純潔を、より強調するという傾向にあり、それも七割以上と、かなり高いものであることが分かるのである。

同じく一九九六年に、プロテスタント信者の大学生、男女三七一人を対象に行った「キリスト青年の生活形態と価値観調査」によれば、「婚前の性交渉は、互いに愛する仲でもいけない」と答えた学生は八三・八％を占め、婚前において異性間の接触が許されるラインとして「キス程度か、それ以下」が九〇・八％を占めた。この調査でも、実際に性経験があると答えた学生の割合は四・八％に過ぎなかった。ここから、儒教の貞操観念と同じものが、全く流れの違うプロテスタントによっても保たれている、と言うことができるのではないだろうか。

次に、ソウル大学の宗教社会学教室が同じく一九九六年に、宗教学科でない学生一〇三名を対象に行った「宗教と性道徳に対する意識調査報告書」によれば、調査対象者の半数が無宗教、半数が宗教を持つと答えた中で、「愛する人がいれば結婚前でも性関係を持っていい」と答えた学生が、無宗教者では七八・二％、仏教徒でも七〇％と多かった反面、カトリック信者では五八・八％と下がり、さらにプロテスタント信者では三六・八％となった。また、結婚後の性道徳についても、「結婚後に、配偶者以外の相手を愛することは可能である」と答えた学生が、仏教徒で八〇％、カトリック信者では七六・五％、無宗教者では七〇・九％と、似たりよったりの多さだった反面、やはりプロテスタントでは四七・四％と、唯一とも言える高い道徳意識を維持している。このように、プロテスタントの信者たちは、一般的な新世代の学生に比べて、相当な性道徳の高さを示しているのである。

しかし、歴史的にさかのぼれば、かつてはカトリックにおいても同様に処女性が尊重されていたことが分かる。李氏朝鮮にキリスト教が入って、まずぶつかったのは、霊魂観であり、この性倫理だった。一七八四年から一八〇一年ごろまでの初期天主教の時代には、韓国にはまだ正式な女子修道院はなかった。しかしこの期間中も、天主教を信じて「童貞女」として信仰生活をした女性は多くいた。

一般的に「童貞」とは男性のことを指すが、天主教では男女を問わず、配偶者を対象とする貞操とは区別して、天の神に支えるための貞操を「童貞」と呼んでいる。だが、童貞は儒教倫理では親不孝にあたるので、儒教社会で童貞を守ることはできなかった。それでも、宮中の宮女たちや奴婢《ぬひ》は、身分的に結婚が制限されていたので、比較的、童貞を守りやすかった。しかし、ヤンバン（両班）という、高い身分の家の女性が、結婚せずに童貞を守るということは、社会的に許されなかった。そこで、カトリックが入ってから童貞女として処女を守ろうとした人たちは、ある種の偽装結婚という形式をとった。趙淑と権テレサ、南履淮と趙曾伊といった夫婦は、結婚した夫婦という形式をとりつつ、童貞を守った人たちである。つまり、いわゆるセックスレス夫婦にあたる。

このうち権テレサは、権日身の娘として七歳の時に母を亡くし、一七九一年にはその父が殉教した。彼女は、四人きょうだいの末娘であった。朱文謨神父から聖事を受けて童貞を神に捧げることを決心し、二一歳の時、教友である趙淑と結婚した。そして結婚初夜に、新郎に対して、童貞を守ることは美しいことだから一緒に守貞しようと告げ、彼の承諾を得て、兄妹のように結婚生活をしたという。

一五年間の夫婦生活のあいだ、夫は何度か性交を要求したが、そのたびに彼を説得して、童貞を守りながら信仰生活を続けた。のちに夫婦の宣教活動が発覚し、二人は一八一九年に処刑された。その時テレサは三六歳だった。また、全羅道のヤンバンであった柳重誠と李順伊の夫婦も、婚姻の時に互いに童貞を守ることを約束して修道生活をしたが、四年後に殉死している。

避妊と中絶

韓国最高の古典名作小説に『春香伝』がある。もともと口伝によって伝承されてきた物語が小説化されたもので、一九世紀に申在孝によって韓国の伝統芸能であるパンソリの「春香歌」

として脚色され、広く演じられるようになった。

ストーリーは、高貴なヤンバンの息子・李夢龍と、卑賤民の妓生の娘・成春香が出会い、愛し合うが別離し、再会するまで春香は貞操を守り続けるという、苦難の話である。つまり、儒教的な貞節が強調された時代の、身分を超えた恋愛をテーマとしている。ストーリーの後半、二人が再会する場面では、隠密の官吏となった夢龍が、春香の住む南原に潜入するのだが、この場面のクライマックスは、春香が夢龍に気づいた瞬間に、気を失うところである。

この物語は通常、王朝時代にあっても民衆の中には常に王朝に対する反抗意識があった、というように解釈される。

性と貞操に関する問題を私は時々講義で扱うが、女性の貞操だけでなく、男性の貞操も議論すべきではないかという質問が女性陣から出る。だが、韓国社会における性モラルというのは、父系社会における男尊女卑的なイデオロギーである、「男児選好」に至る。近代化にともなう家族計画が普及した現代における、出産時の男女の性比（sex ratio）の不均衡は、その典型的な事象である。つまり、伝統的な父系社会は、しっかり現在も生き続けているのだ。

しかも、核家族化の傾向と連動して、こうした男児選好の傾向は、さらに強くなりつつある。胎児を一つの生命として認定するならば、性差に基づく人口抑制も、他の人権と同様、人間の根本的な権利を侵していると言える。それは、妊娠中絶にともなう性比のアンバランス、さらには人口論などといった、生命観に関する多くの問題を含んでいるのである。

私はそうした問題、つまり一九八〇年代の後半以降に見られる、出生性比の不均衡に注目して分析を行った。その結果、やはり男性の方が多めに生まれているということが分かった。性比の割合としては、女一〇〇に対して、男が一〇四〜一〇七である。日本の総務省が発表した統計によれば、日本人と、日本に住む在日韓国・朝鮮人の出生に関する性比は、正常な比率と言える。その数字は、他のヨーロッパ諸国と同等のレベルであるという。

ところが、中国や台湾、韓国などでは、そうした日本国内とは異なって、明らかに性比の不均衡が起きているのである。特に中国では、非常に高い出生性比の不均衡が起きている。これは、中国政府が一九七九年から独子政策、いわゆる「一人っ子政策」を実行したことによる結果であると思われる。そこでは、主に超音波による性別判定の結果、強制堕胎などによって中絶させられたものと思われる。

韓国では、診察などによって知った胎児の性別を本人や家族に知らせることを一九八七年に禁止した後も、出生性比の不均衡が起きている。また、娘だけを持っている女性の中絶率が、すでに息子を持っている女性よりも高い。これは、女の胎児を妊娠中絶するということを示唆している。これらの現象は、日本とは対照的である。日本では、男女の性別を理由にした中絶は、ほぼ行われていない。

さらに、韓国では特に、干支《えと》の「午《うま》」年に生まれた女性は運が悪いと考えられており、民間療法や巫俗《ふぞく》信仰によって、これを避けようとする傾向がある（巫俗では、シャーマンの女性が神霊からのメッセージを届ける)。このため、午年の翌年にあたる一九九一年の出生性比は、男が一三三・三となっている。

少子化によって産める子供の数が制限されたことで、性別に関心が高まり、男子選好の現象が、より強く現れるようになったのであろう。そして、その多くは妊娠中絶によるものである。二〇一〇年の調査では、性比は一一八・六となっている。

現代のようなバースコントロール(産児制限)が普及するまで、確実な避妊というのは不可能であり、その結果、各家庭の子供の数は多かった。日本では、伝統的な人口調節方法として「間引《まび》き」という嬰児《えいじ》殺しの慣習があったという。これは農作物、特に野菜などを間引くように子供を減らすという意味である。

一九七〇年代、人々の人権意識が高まるにつれ、女性の性や出産に関する権利意識も高まった。中でも中絶という行為は、男性中心の社会の中において、女性たちの「産む権利・産まない権利」という、究極の選択権を具現化したものである。

だが、自分の生殖力をコントロールしようとする母親の権利と、それに対立するものとして誕生前の子供の権利が、同時に意識されることになった。つまり、「生命尊重」を標榜する人権思想の高まりは、母の権利によって胎児が殺されるという事態を生み出してしまったのである。だが、生命尊重と妊娠中絶は明確に矛盾する。こうして、生命倫理における「胎児の権利」と「女性の権利」が拮抗することとなったのである。

現在、社会通念として通用している一方的な生命主義は、女性を男性に従属させるだけの意味しか持たず、本当の意味での生命の尊厳を意味するものではない。中絶は勧められるべき行為ではないが、選択肢の乏しい現状の社会において、女性の取るべき最後の手段として、認められるべきであるという意見もある。

韓国でも近年では「水子《みずこ》供養」が行われるようになってきたが、これはどちらかといえば日本的な生命観を表しており、従来の韓国や中国の倫理観とは対照的なもののように思われる。水子供養は皮肉にも、生命を尊重する仏教の寺で行われている。だがもちろん、このような水子供養の場で、男児選好などの問題が問われるようなことはない。

確かに中絶は、婚外性交の清算、子供の数の制限、出産の間隔の調整などでも行われ、その理由は一様ではない。それでも、初めての妊娠の時の中絶は少ないが、二回目、三回目の妊娠の時には、中絶率が高くなる。韓国では年間、二万二千人もの「女児」が堕胎されているとも言われており、一九九〇年には三万人の女児が中絶されたという報告もある。

一方、中国政府の強力な施策も、いろいろと問題を起こしている。一九八二年にイギリスのBBCが撮影したドキュメンタリーによると、中国政府は中央から地方へ官吏を派遣して、一人っ子政策による産児制限を強力に指導したという。

例えば、工場などの職場では、月経カレンダーを掛けて女性従業員の生理状況を把握し、それを基に指導もした。優秀指導員は表彰され、すでに一人の子供を持っている女性が妊娠七か月になってもそれを隠しているのを見つけた時には、強制的に中絶手術を受けさせている。ある工場では、八〇件の出産に対して、八三件の中絶があったという。

中国の一人っ子政策の推進に対しては、国家が圧倒的な支援をしている。さまざまな講演会や、「私たちは、ほかの兄弟姉妹を必要としない。このままで幸せである」という内容の子供向けの歌を使ったプロパガンダで、一人っ子政策によって人民は経済的に豊かになり、人間の質を上げる、などと宣伝する。

だが、確かに人口を減らそうという政策自体は成功したかもしれないが、こうした政策には、当初から多くの問題点が予想された。つまり、男児への偏りや、出生児の戸籍への未登録などの問題である。国民の意識によって少子化現象が起きている日本や韓国とは違って、こうした中国の強制的な政策は、やはり検討されるべきであろう。

伝統と男尊女卑

韓国では、財産の相続（相続権）については、息子中心、長男優先になるのが普通である。家の家督権は、一時的に女性が持つことはあっても、子供が成長したら、男子に譲らなければならない。

祖先を祀る権利（祭祀権）も、基本的には男子、その中でも長男が、ほぼ独占する。例えば、その家に息子がいないからといって、娘が代わりに祭祀を行うことはない。そうした徹底的に儒教的な父系制が定着している。このように、息子が絶対的に必要な存在であることからも、男子選好の価値観は依然として強く存続し、女児の出産が喜ばれない原因となっている。

韓国の食器や屛風などには、よく「富貴多男」という文字が書きこまれている。富はいうまでもなく経済的な豊かさで、貴は社会的な身分やステータス、多男は子孫繁栄、特に男児を産むことを祈願する意味である。男児は後継ぎとして重要な存在だからである。そのために韓国では結婚が早く、それによって早く男子が生まれることを祈願する。もしそれが不可能と分かれば、いろいろな対策をとらなければならない。側妻をとるか、養子をとるか。たとえ女子がいたとしても、男子を得るために、同様の方法が取られるのが一般的である。

また、男児が生まれなかった場合の対策として、代理母に依頼することもある。代理母は、側妻のような世間的に悪いイメージもなく、養子という他人の子供でもなく、少なくとも夫の実子であることから、韓国では合理的な手段であると考えられ、名門の女子大生がアルバイトで代理母となり、七〇〇万ウォン（約七〇万円）で男児を出産したことが話題になったりする。

この男子選好は、巫俗信仰においても同様である。女性中心の信仰とも言われている韓国の巫俗信仰においてさえ、男子は熱望されるのだ。巫俗においてシャーマンが語る、以下の「捨姫公主神話」がそれを物語っている。

王妃は七人もの子を産んだが、全て娘だった。期待がはずれた失望と怒りから、王は末娘である七番目の娘を山中に捨てた。そのことが親にたたり、彼らは病気で死にかける。だが、捨てられた娘が、さまざまな苦難を乗り越え、最後には親の病気を治す。つまり、捨てられた娘が親孝行をしたというストーリーであり、韓国の父系社会構造というものをよく表している。

儒教式の祖先祭祀では、子供や未婚者の死亡を正式には取り扱わない。これらの死霊は普通、シャーマニズムが扱う対象となっている。こうした幼児の死霊はたたることがあり、時には母親に憑《つ》いたりする。

また、成人には達したが未婚のまま死んだ者の霊、とくに未婚の女性のたたりは、最も強いものとして怖れられており、それを避けるため、死後に結婚式をするという慣習もある。女性は、妻・側妻としては祀られるが、娘としては祀られないというのが、儒教の論理なのである。そうした娘たちが、儒教ではなく、シャーマニズムによって、死後の結婚式などを通して祀られるわけである。

李氏朝鮮の代理母制度

家を守るためには婚外での情事も必要だった、という韓国の伝統社会をテーマにした韓国映画「シバジ」を見た。現代における男子選好の価値観を象徴的に表し、その意識構造を批判的に語っている映画である。この映画も、先述した喫茶店売春を描いた映画「チケット」と同じく、林權澤監督による一九八六年の作品であり、数々の賞を獲得した名作である。

ストーリーはこうである。李氏朝鮮の時代、あるヤンバン（両班）の妻が、結婚して一二年になっても子供が産まれず、祖先に面目がないという理由で、一七歳の代理母（シバジ）を雇って子を産ませ、報酬を渡して故郷へ帰す。しかし、その子供を産むまでのあいだに、旦那と、あってはならない恋愛関係になる。

だが、シバジである彼女は、子供を産んだあとは、旦那への愛情と同時に子供も奪われ、自分の家に戻らざるを得ない。そうした状況の中、彼女は自らの命を絶つことを選択する。

映画「シバジ」（監督・林權澤）

この「シバジ」というのは、子供の産まれない名家に雇われて子供（男子）を産み、報酬を受けとること、またはその女性を指す。

映画の中では、男児をもうけて家の系統を守るために、シバジという非人道的な存在までも必要とした、韓国の伝統社会というものが浮き彫りにされる。この旦那は親孝行の息子だった、というような、伝統的な倫理観を重視するような場面もあるが、結果的には、シバジのような女性を蔑視しつつ、実際には女性たちに支配されている、というように描かれている。

この映画のストーリー自体は、あまり現実味のある話ではないが、韓国の父系制と、その思考構造を十分に表現している。最近も、不妊者が契約した女性に病院で子供を産ませ、本妻が直後にその子供を引き取るというような事案が報道され、社会的な問題になったことがある。

この映画には、家系を継承するためには、どんな犠牲を払ってでも子孫を得なければならないという義務が重くのしかかっている様子が、的確に表現されている。つまり、父系社会のイデオロギーを合理化する「男子選好」主義の問題点を、鋭く描いた作品なのである。

それと同時に、この映画に登場する旦那という男は自主性が弱く、その結果、皮肉にも女性たちが中心になって男児を産ませようと奮闘する姿が描かれている。つまり、いかに父系社会とはいえ、現実には女性が積極的に主導権を握っていた、ということが表現されているのである。だからこそ、伝統社会の中で規範を守ろうとする親孝行の息子は、まるっきり無力な男として描かれる。

確かに、代理母は制度化されたものではないが、韓国社会というものを象徴的に表現している。そして、韓国社会は映画「シバジ」に示されるように、社会的には女性を蔑視していながら、実際には女性によって支配されているのである。

映画は、「男児選好」の思考構造に加え、男はある意味においては頼りにならないこと、父系社会と言いながら、実際には女性たちの方が、より積極的に父系制にのっとって生きていること、などを描く。だからこそ、この映画の主役は旦那の母（姑）と妻（嫁）であり、彼女たちが代理母に男児を産ませて報酬を与えることで、その実母と子供の関係を断ち切って、悲劇にするのである。つまり、いずれにせよ悲劇の主役は皆、女性ということになるわけだ。そして、そのような意識構造は、今もなお続いているのである。

この映画は、韓国人の性意識というものを見事に表現していると思う。そして、ここでは未婚女性の性、すなわち貞操などは全く尊重されておらず、生殖のみが強調される。

結婚と貞節

聖書によると、祭司は処女をめとらなければならず（レビ、二一：一三）、ある人がまだ婚約していない処女を誘惑し、彼女と寝たならば、必ず結納金を払って、自分の妻としなければならない（出、二二：一六）。

ある人が妻をめとり、彼女のところに入った後にこれを嫌い、虚偽の非難をして彼女の悪口を流し、「私はこの女をめとったが、彼女が処女である証拠がなかった」と言ったならば、その娘の両親は、その娘の処女の証拠をたずさえて町の門にいる長老たちに差し出し、娘の父は長老たちに「私は娘をこの男と結婚させましたが、彼は娘を嫌い、娘には処女の証拠がなかったと言った。しかし、これが娘の処女の証拠です」と証言し、その布を町の長老たちの前にひろげなければならない。そして、町の長老たちはそれを確認したあと、男を捕まえて鞭で打ち、彼に銀一〇〇シェケルの罰金を科し、それを娘の父親に渡さねばならない。その上で娘は彼の妻としてとどまり、彼は生涯、彼女を離縁することはできない。

キリスト教では、既婚者の婚外の性関係は厳しく禁じられている。十戒の中でも、姦淫してはならないと厳しく戒めている。

イエスに敵対する者たちが、姦通の現場で捕らえられた女を連れてきて、イエスに言った。先生、この女は姦通をしているときに捕まりました。こういう女は石で打ち殺せと、モーセは律法の中で命じていますが、あなたはどうお考えになりますか、と。そこでイエスが、あなたたちの中で罪を犯したことのないものが、まず、この女に石を投げなさい、と言うと、やがて皆は立ち去った。イエスは彼女に、これからはもう罪を犯してはならない、と言った。

イエスは、こうも言っている。「あなたがたも聞いている通り、姦淫するなと命じられている。しかし、私は言っておく。みだらな思いで他人の妻を見るものは誰でも、すでに心の中でその女を犯したのである。もし、右の目があなたをつまずかせるなら、えぐり出して捨ててしまいなさい。体の一部がなくなっても、全身が地獄に投げ込まれないほうが、ましである。もし、右の手があなたをつまずかせるなら、切り取って捨ててしまいなさい。体の一部がなくなっても、全身が地獄に投げ込まれないほうが、ましである。(中略)不法な結婚でもないのに妻を離縁する者は誰でも、その女に姦通の罪を犯させることになる。離縁された女を妻にする者も、姦通の罪を犯すことになる」と。

鄭順毎は離婚された女として、李得任と洪順喜と尹占恵は寡婦として、金景愛は既婚者のように、趙挑愛は具氏の妻として偽装して、彼女たちはそれぞれ「童貞」を守って、背教することなく殉教した女性たちである。つまり彼女らは、童貞を守ることが難しかった時代に、処女や未婚者のままカトリック信者として生きた。

信者には男性もいたが、完全な独身男性の童貞者は少なかった。その中で、丁夏祥、簡グレグリオ、申グリサンドは、男性の童貞者だった。だがこれは、伝統的な結婚制度や男尊女卑に対する抵抗意識として挑戦されたものではない。結婚を偽装にしてまでも童貞を守ったということは、カトリック史においては重要な意味があるのだが、これらが伝統的な結婚制度それ自体への改革思想であるわけではない。

一方、現在の若い人たちが処女性を尊重することは、儒教の教えが支えたものである。人間の性を肯定的に見れば、夫婦の性交が神聖であるように、あらゆる性交・性愛も神聖なものだろう。性はもともと動物的なものであり、性モラルなどなくとも、人類は結婚し、家族を作って生きてきた。言わば、性交自体は犯罪行為ではない。だが、相手の意思に反すること、相手に強制するようなことがあれば、それは相手の基本的人権を侵すことになる。いわゆる従軍慰安婦の問題も、そうした「強制」や「連行」の有無が、重要な視点となる。

とにかく、前述のように女性の存在が無に近い韓国社会においては、男の子の出生を望む「祈男子信仰」がある。そして男子が生まれなかった場合、生まれた女の子の名前に希男と付けたり、吉女（次の弟に期待する）、摂々（遺憾の意）、説話においてはバリ公主（捨て姫）といった名前を付けることもある。

日常においても、女性は男性の前でつつしみ深く行動をしなければならないが、それは礼儀作法といったレベルとは違って、ある種の女性蔑視のようなものが根底にある。例えば、最近まで、女性がお正月や朝早くに他の家を訪ねることは、失礼なこととされていた。

韓国の伝統的な貞操観

韓国では、結婚というものを通して、性の関係が強調される。それゆえ結婚は宿命であり、先にも触れたように、処女のまま死んだら怨霊となるから、死後であっても結婚式を挙げなければならないとする。ここに、儒教祭祀においては必ず男児を出産して祖先にするべきであるという韓国人の考え方も関係してくる。

例えば、結婚式を挙げずに親と同居して一生を過ごし、男児を残して死んだとしても、そのままでは親は祖先になれないので、死後に結婚式を挙げる必要がある。つまりは、儒教と巫俗(シャーマニズム)の死後観が異なっているからである。この異なった宗教が習合して、韓国の祖先信仰になっている。

こうした父系制を守るために、女性の貞操は強調されてきた。しかし近年、韓国にも性解放の波が押し寄せている。女性解放、平等主義、そして女性の地位向上などが主張される。だが、そうした儒教の教えが風化しつつある中でも、韓国の若者たちの倫理観を支えるのは、やはり儒教なのである。

かつて儒教は国教として、国民は儒教倫理(三綱五常)の徹底した教育を受けていた。そこでは特に、一人の配偶者を永遠に愛すべし、という「烈」の教えが重要視された。

かつての伝統社会では、女性は、夫婦の性においてさえ、快楽を得るのはよくないこととされていた。したがって、女性は快楽ぬきで子供を産むべきであり、それが良妻とされた。しかし、男性は性的快楽を求めてもよいという仕組みになっており、そうした男性のために、売春は必要とされた。

その意味では、「遊ぶ」という意味を持った「遊郭」というのは、その名称だけでも非難されるべきなのかもしれない。つまり、女性を玩具化するということだからである。女性に貞操を押しつけながら、売春では女性に複数の男性との性関係を許すわけであるから、普通に考えれば、男性たちの行為だって倫理からの逸脱であると思われそうなものである。

一方で、女性の再婚は禁止、夫が天で、妻が地であるという三従之道があり、妻は夫から殴られても従順であるべきというようなことになっている。こうしたことはまさに、一方的に女性に要求される貞操の、制度化されたものだった。

そんな中でも、「女必従不事二夫」は特に鉄則だった。そのために、このような「烈女」を主題とした小説も多く出た（烈女とは、夫以外に性関係を持たない女性のこと）。

例えば、朴趾源の『烈女咸陽朴氏伝』に書かれた咸陽朴氏は、一九歳で林氏と結婚したが、まもなく林氏は病死し、彼女は三年目の脱喪の日に服毒自殺した。その貞節を褒めたたえるために烈女伝が書かれ、彼女は烈女になった。

また、前出の「春香伝」も『烈女春香守節歌』という小説になり、貞操は身分の高低を問わず求められ、主人公の春香は妓生の娘でありながら烈女になった。

　このように、韓国が、性や貞操を政治に利用するのは、現在だけのことではなく、歴史的にさかのぼれる事象なのである。今の韓国政府も、こうした伝統的な貞操観をもって、ナショナル・アイデンティティと外交政策の面で、それを利用している。

　いわゆる「従軍慰安婦」の問題がいい例で、ことさらのように韓国人全体の貞操が日本人によって犯されたと主張して、強い反日感情と結びつけるのは、その表れである。そして、それを国家が政策として利用しているのである。

　しかし、韓国人の意識構造においては、性を内面的に否定しているわけではない。先にも述べたように、韓国人は性を抑制するのではなく、謹慎しようとするからである。例えば、処女の貞操は結婚相手のための単なる留保であり、結婚は通過儀礼であると共に人生における最低条件であり、人間は誰でも結婚すべき宿命であると考えられている。

　その一方で、結婚は一生に一回だけという倫理が強く残っており、女性に対しては、初婚が失敗しても再婚は許されないというような、儒教的な倫理が求められるのである。

　特に、李氏朝鮮時代には、根強い儒教的な女性観によって、こうした女性の貞節が社会的に強く要求された。そこでは、「飢餓は極小事、貞節は極大事」であり、女性は一度結婚するともう二度と再婚はできず、未亡人は夫のお墓の横で生活することもあった。中でも最も影響があったのは、再嫁女子孫禁錮法であり、これはつまり、再婚した女性の子孫は文科試験を受けることができないという規定であった。

夫は側妻を持っても、悪疾を持っていても、家から逃げ出してもいいが、妻は夫や婚家へ尽くし、自分の顔を傷つけたり、自殺や他殺をしてでも、夫に対する貞操を守る。これは、夫の善悪にかかわらず、妻は絶対的に貞操を守り、不事二夫（二人の夫を持たない）の鉄則を守るべきであるという趣旨である。

朝鮮社会の代表的な女性教育テキストであった『女範』には、貞女二四、烈女四一の、計六五のエピソードが掲載されている。このうち許婚女、すなわち事実上結婚せず、処女のまま貞操を守るために死んだ烈女の例が七つあるが、処女が純粋に貞操を守るために死んだ例は、「唐の国の賓氏の、一九歳と一六歳の二人の娘が、盗賊に犯されそうになった時に絶壁から投身して自殺した」というエピソード、ただ一つである。つまり「烈女」とは、単に貞操を守ることではなく、夫への烈、つまり不事二夫のイデオロギーを強調するものなのである。

また、『新増東国与地勝覧』にも、高麗と本朝（朝鮮）における烈女碑などの由来が多く載っているが、具体的には、虎に噛まれている夫を救ったり、虎を殺して夫の命を助けたりという例が多い。貞操を守るため、そして正義を守るためには、女性は強くなければならないというイメージが強調されているのだろうか。また、「改嫁（再婚）禁止」を強調するために、結婚の約束や結婚式だけを行った若い寡婦、すなわち「青春寡婦」についても、象徴的に描かれている。

朝鮮で伝統的に手本とされてきた、「夫に異変が起こり苦難を受けながら、死をもって貞操を守る」烈女の例としては、朝鮮王朝時代の女性教育書である『東国新続三綱行実図』に、三五人の孝子が列挙されている。火事になっても逃げず、貞操を守るために焼け死んだ、とか、夫が他に側妻を作って家を出たが、本妻は相変わらず夫の親に孝行をした、とかである。

ここまで、韓国における、儒教を基盤にした性や貞操倫理の弊害に触れた。儒教は、父系制を強く堅持する一方で、男子尊重の思想によって女児への妊娠中絶をうながし、それが水子信仰などにつながっているということも書いた。それから結婚と離婚、側妻制度、姦通罪、さらには現代の喫茶店売春についても触れた。

性は動物の生存にかかわるものであり、性愛は神からの賜物であるとも言える。ただ、快楽は人間を動物化して堕落させることもある。このため、多くの宗教家や聖人たちが、性の危険性を警告してきた。だが、そうした性の抑圧が、性犯罪を起こす要因の一つである、ということも、明らかになっているのである。

第八章　韓国の反日ナショナリズム

日本の「性的」で「低俗」な大衆文化

韓国では、日本文化を性的で低俗なものと決めつけ、日本の大衆文化の輸入を固く禁止している。このため、日本で見られるような女装者や性転換手術も一般的でなく、各種の性産業、族外婚の規制の狭さなど、日本と韓国とでは非常に異なっている。韓国では、フリーセックス、同性愛、性教育、性的なグッズ、ポルノ、ヘアヌードなどは、それほど一般化されていない。

また、日本の演歌なども「低級倭色歌謡」として受け入れられておらず、「日帝残滓の清算」として排除した。このため、日本の大衆音楽は低俗で不健全だという非難が、何度も繰り返されてきた。その影響で、「鳳仙花」という日本統治下の朝鮮民族の悲しい心情を表現した歌が禁圧されたこともあった。また、国民の多くに愛唱されながら、李美子氏の歌う「椿姫」は、日本の真似だとして禁止された。

もともと、演歌を始めとする、さまざまな大衆芸術は、民衆の心情を表現するものである。クラシック音楽のような「音の芸術」と違い、歌詞が主体となる。このため、たとえその曲のオリジナルがアイルランド民謡などであっても、そこに日本語や韓国語で歌詞をつけて歌われれば、その歌詞の内容によって親日・反日と解釈されることになる。逆に言えば、曲そのものには、親日も反日もない。

私は若いころに、李光洙などの小説を多く読んだが、ずっと後になって、彼らが「親日作家」として非難されていたことを知って、ショックを受けた。崔南善の「不咸文化論」（火、光の朝鮮起源の文化論）や「独立宣言書」などを愛読して民俗学へ傾倒してきた私にとって、彼らが「親日派だ」というのは非常に衝撃的だった。

韓国では「親日＝売国奴」となり、大変な侮辱語となる。もちろんこれは韓国の国内用語であり、国際的な用語ではないが、とにかく日本の大衆文化を「セックスや暴力などを誘発する退廃的で低質な文化」と規定し、青少年に悪影響を及ぼすという名目で閉め出してきたのである。

こうした流れの延長線上に、慰安婦の問題もある。つまり、慰安婦問題を反日感情に乗せると、国民統合や外交の効果が倍増するのである。政治家は世論を引き上げるために、貞操観を持ち出す。そうすれば、元慰安婦の人権を著しく傷つけたことへの誠実な謝罪が必要だと主張する、人権主義者やフェミニストたちとも連携しやすくなる。

韓国政府は常に、セックスや性倫理の問題を政治に利用してきており、それが今も、日韓に

日本大使館前の慰安婦像

おける不和の火種になり続けているのである。

いつのまに慰安婦は、植民地あるいは戦争被害の象徴的な存在になってしまったのであろうか。

多くの韓国人は今も、各地に置かれた慰安婦像を見ながら、女性の貞操を奪った「日本人は悪い！」と怒り、激しく日本人を非難し続けている。

外敵に狙われる処女

韓国の慰安婦問題を見ていると、私は、「セックス・ナショナリズム」というものを強く感ずる。それは、韓国の人たちにとって、決して新しい現象ではない。貞操を尊重し、「男女七歳不同席」（七歳以上の男女は席を別にする）に象徴される厳しい性道徳、その儒教的な貞操観から政治運動やナショナリズムへと発展していった様子も見てとれる。つまり、現在でさえ伝統的な貞操観が韓国の性の基本倫理であり、国家の政策の対象なのである。

前述したように、性拷問に対する国民の怒りが民主化の活力になったことも、同じに考えてよいと思う。またその貞操観は、外交、つまり外国に対する韓国の、アイデンティティの根拠にもなっている。

慰安婦は、貞操が犯され汚された母国の女性を指す。ゆえに、日本は悪の植民地支配者であり、韓国は善なる被植民である、という、二項対立的な関係になる。だが、それも、韓国にとっては新しいものではない。

古くは、倭寇（日本）や蒙古（モンゴル）に母国の処女を奪われた恥辱、というものを強調している。現在の慰安婦も同じように、「被害者」から「英雄」に格上げされた。先に触れた、「倭」の犠牲になった妓生の論介は、さらに「神」にまで昇格している。

処女の貞操は、「ガラスと処女は傷つきやすい」ということわざのように、一度壊れると直せないものとされる。古くから韓国では、外敵から貞操を守ったから愛国者だと言って褒めたり、命の次に大事な貞操を国に捧げる愛国者だと表現されたりしてきた。このような価値観が、日本に対しては、より著しく発揮されるのである。

そして、それは歴史のみにとどまらず、現代においてもしばしば復活し、再生産される。かつての「妓生観光」への非難や、戦時中の従軍慰安婦の問題などがそれである。

つい最近の二〇一五年まで、韓国は「姦通罪」を保っていた。刑法第二四一条では、配偶者が姦通した場合は配偶者の告訴により二年以下の懲役に処する。同法第三二章の貞操に関する罪は、主に強姦に関するものであるが、第三〇四条には婚姻を口実にして姦淫するかその他の偽計により淫行の常習のない婦女を姦淫した者は二年以下の懲役に処するとある。こうした考えは法律だけではなく、一般慣習としても強く存在する。

韓国でも、性と貞操に関する態度は常に変化している。それでも、相変わらず西洋などの外来文化は性的に堕落しているというイメージを持っており、そうした性的な乱れから社会を守るためには、伝統的な貞操観を回復すべきであるという意見が出てくる。そして、かつて女性に礼儀作法を教えてきた教科書『内訓』などに表現されている、伝統的な貞操観を復活させようとする。

実際、一九八〇年代にこの『内訓』の著者の韓氏を主人公の一人とするテレビドラマ「雪中梅」が放映されてから、『内訓』は、にわかに出版ブームとなった。

このように、男尊女卑を背景とする烈女思想を、近代化に伴う性解放や風紀の乱れに対する対抗措置にしようとして、伝統的な性モラルを復興しようとする動きが、折に触れて現れるのである。

慰安婦問題の歴史的な背景

ここで、慰安婦問題を、歴史的な背景から考えてみたい。朝鮮の女性は常に、男尊女卑の貞操観や、烈女という英雄化の構造の中で生きてきた被害者だった。だから、売春婦や犯された女性が、政治的な場面に浮び上がることなどは、ほとんどなかった。つまり、貞操を尊重する韓国社会においては、売春婦のような女性は差別されたし、貞操を守れなかった女性は、その事実を隠すのが常だった。

そこで、韓国社会は、貞操を失った女性を「外へ」追い出そうとした。そのため、日本やアメリカなど、彼女たちが海外へ脱出することが理想であるようにも言われたし、実際、貞操を失った韓国の女性たちが日本に流れて来た。そうした女性たちを、今度は英雄視して、慰安婦像を建てる。

それは、李朝中期以降の貞節が一般的に神秘化されているのと、表裏一体と言えるかもしれない。李朝時代の女性たちに貞操を守るために教える教科書、伝統的な女性教育のテキストとして、先にも触れた『内訓』や『女範』等があるが、こうした書物では、女性が犯されそうであれば自殺するというようなことが強調された。『東国新続三綱行実図』にも、「四人の子供がいたのに、倭寇が侵入して犯されそうになったので反抗して殺された女性」、「倭乱の時、夫は戦争に出ていたため犯されそうになり、幼児を置いて川に落ちて死んだ女性」、「倭賊に犯されそうになったとき、妻として抵抗し、腕と足を切り落とされて死んだ女性」という三例がある。

中学・高校の家政科の先生たちは、「結婚する前に性関係を持つということは、生命を失うのと同じ」という純潔意識を教育していた。私は実際、その教育を受けた。

『新増東国与地勝覧』では、処女と常女（売春婦ではない一般の未婚・既婚の女性）を区別し、烈女碑の説明が多いが、「処女を強奪したものは斬」、つまり道端で処女を強奪（強姦）した者は、その場で斬る、とか、娘の死霊を祀って雨が降ったので、その雨を「節婦の雨だ」と言ったという話も書かれている。このころ、姉妹どうしでも、相手の夫がいれば、その部屋に入って喋らない、といった「内外の礼」が確立され、性別の区分が厳しくなった。

私は、慰安婦像を見ながら、朝鮮王朝時代の「烈女閣」、つまり貞操を守った女性を表彰する記念碑に似ていると考える。当時の朝鮮が、たびたび外敵に侵害されたことは、歴史的な文書にも記述されている。特に、蒙古、中国、日本によって、女性の貞操が侵害されたという記録が多い。

一三世紀に元（蒙古）は、七回にわたって当時の高麗王朝を侵略した。元は和平の条件の一つとして、貢女《コンニョ》（女性を献上すること）を要求した。それは、中国大陸を侵略した時、降伏した兵士たちと結婚させるためだった。また、女性の性を奪うことによって、高麗が反抗できないようにする目的だったともいう。

そして、元に降伏した高麗王朝は、結婚都監を設置して、一二歳から一六歳までの処女を徴用し、元に送り始めた。この「処女進貢使」は八〇年も続いたと言われており、その往来の回数は五〇回以上と記されている。処女を重要視したのは、婚前性交を禁じ、父系制において血を混ぜないという倫理的な理由からとなっている。

元の後に中国大陸を支配した明も、「戦略結婚」のために、朝鮮半島に処女を求めてきた。そのため、この時代には朝鮮半島で早婚や自殺などが多く起きたという。こうした中でも、特に、元に対する怨念が強かった。

一方、日本に対する敵対意識を表すときには、倭寇、倭賊、倭乱などを例にとることが多い。例えば、倭敵（日本）が攻め入って来た時、ある女性は彼らから逃げるために船に乗った。その時、男の船頭が手をさしのべて彼女を乗せたが、その女性は、夫でない男性の手に触れたのは強姦されたのと同じだと思い、川に身を投げて自殺したという話などである。

『芝峰類説』によると、壬申倭乱（豊臣秀吉による朝鮮出兵）の際に、孝子（六七人）や忠臣（一一人）に比して圧倒的に多かったのが、身分の高低を問わず自ら貞節を守って死んだ婦人、すなわち烈女（三五六人）だった。ここでも、前出の論介という妓生は、敵の倭将（日本の武将）を川辺に誘い出して、彼を抱き締めたまま川に入り、心中したという話が書かれている。

李朝の後期になっても、倭寇の性的蛮行については引き続き述べられている。『賢婦烈伝』の「貞烈篇」には五〇の例が載っているが、そのうち「高麗時代、慶尚南道・霊山で、倭寇に犯される前に反抗して殺された二〇歳の処女」など、倭軍に関わるものは七例ある。そして、「特に倭乱・胡乱の時に多くの烈女が現れ、朝鮮は烈女国になったのである」と書かれている。

つまり、韓国人にとっては、豊臣秀吉の朝鮮侵略以降、李朝後期になってからも、日本兵士による性的蛮行は続いており、それが従軍慰安婦などの問題となって、現在に至っているわけである。

一般的に韓国社会は、儒教社会であり性道徳や倫理観が高いと言われているが、その実態は、女性に厳しく男性に甘い、きわめて不平等なものであり、ことさら貞操を美徳とするような社会風潮や政策は、私には非常に愚かなものに映る。それは、女性や女性の貞操を「男性のもの」

と考えるような、古い因習によるものへの反省や再認識が乏しいことに起因する。儒教的な性のモラルというのは結局のところ、女性だけに貞操を守ることを強要しているからである。

私は、慰安婦像を見るたび、このような前近代的な因習を思い起こす。それらはかつての、烈女を一方的に讃えた烈女門の変身であり、ただちに撤去すべきだと思っている。

第九章　戦争と性

私の人生には、朝鮮戦争が長く、重く居座っている。「はじめに」で触れたように、そこから私は戦争哲学とでも言うべきものを得て、今まで生きてきたように感じる。

子供のころに激しい戦争を体験したのに、また現役軍人となり、除隊してから五〇歳まで、予備役も務めた。その後、日本に移住することになり、広島に住みながら、年じゅう原爆の話を聞いた。これらが私の人生の全部とまでは言わないが、戦争の重荷が私の負担となってきたのは事実である。

しかし、戦争が私を完全に不幸にしたわけではない。本書でも、戦争中とはいえ喜びも多かったということを書いてきた。私にとって「戦争と平和」とは、単なる小説の題名ではない。私にとって戦争とは何であったのか、三つの視点をもって、それを問いかけてみたい。

①中国の南京大虐殺記念館を訪ねて

その日は晴れて暑い日だった。中国・南京には青空がない。案内者は「大気汚染だ」と言う。だが、この国で大気汚染を気にする人は少ない。中国は、豊かな経済を何より優先している。上海を往来する高速電車の窓から見える汚染された空を見ながら、私は息苦しさを感じ、この四日間の旅程は長すぎたかなと思った。

さて、南京といえば虐殺記念館である（正式名称は「侵華日軍南京大屠殺遭難同胞紀念館」）。タクシーの運転手は、私が日本人か韓国人か、気になるらしい。案内者と私は韓国語を使っていたが、運転手からは、日本人であれば乗せなかったと言われた。明らかに日本人に対して悪感情を持っている。やがて、日本軍による虐殺記念館に到着した。「三〇万人虐殺」という標題が、記念館の入り口に刻印されている。

南京では日本語は使わない方がいいと言われたので、私は注意しながら、二〇一四年七月、南京大虐殺記念館を観覧した。映像を見ながらイヤホンで日本語の解説を聞き、キャプションを読みながら許される範囲内で映像や写真を撮り、録音もしながら見て回ると、実に三時間半の時間がかかった。

入口を入ると、すぐに暗い。そこに、日本軍の行進の映像が映った。そこから地下への階段を下りると、展示が広がる。館内は終始、暗い。それは展示の方式でもあり、見る人の心を暗くするためでもあろう。

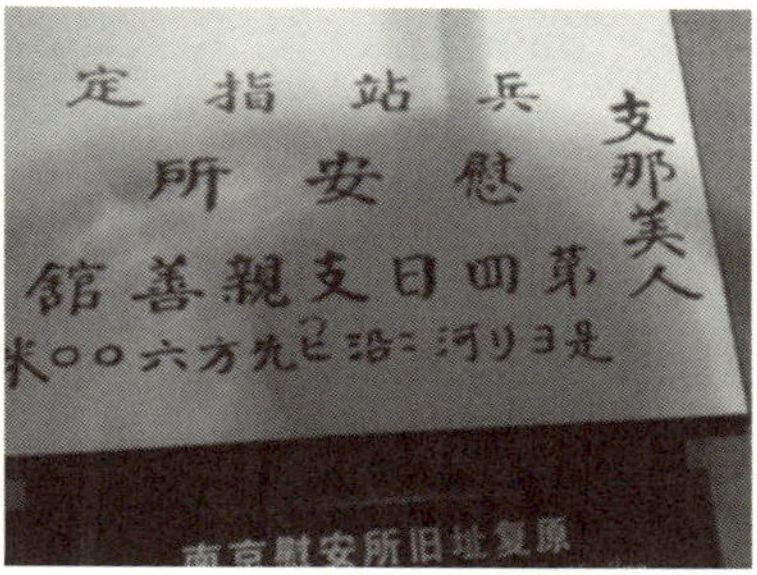

「南京大虐殺記念館」の展示

資料の中身は、ほぼ日本のものだった。展示されているのは、中国が発掘した遺骨以外は、映像や写真、記録のほとんど全てが日本のものである。そのため、日本の資料による展示を見て、日本の歴史をここで勉強することになった。

映像、展示品、新聞記事など、あくまでも日本が主役でありながら、なおかつ日本軍は完全に悪役だった。それに似ているものが、ハルピンにある七三一部隊の記念館である。

展示の中で特に私の目を引いたのが、写真と共に復元され、観覧者が中に入って体験できるようにした日本軍の慰安所だった。その展示室には「支那美人」と書かれている写真があった。客を呼び寄せる遊郭の写真である。それを見て私は、これは軍施設の慰安所とは言えないなと思った。私は、復元された室内にも入ってみた。

全てを観覧したあと、薄暗い通路を通って出口に出た。明るい広場に、平和を象徴する旗が風にひるがえっていた。それは、展示から得られた感想とは相反する光景だった。戦争嫌い、日本嫌いになった気持ちで見上げる平和の旗に、大きな違和感を持った。残虐な展示と平和の旗は、いったい何を意味するのか。あまりにも似合わない。全く矛盾していると私は思った。

こうした残酷な展示を見た人たちが、日本を嫌うのは当然であろう。そして、それによって日中親善や友好の感情を持つことは、不可能であると考えるのが普通であろう。このような残酷な展示を見て、人々は平和への心を持つようになるものだろうか。全くのナンセンスである。

広島の平和記念資料館も、全く同様である。原爆被害の残酷な様子だけを展示して平和都市を訴えるというのは、どういう理屈なのだろう。被爆の展示自体は、それでよい。罪と謝罪、反省の場所としては十分である。だが、それらによる平和都市宣言には、やはり無理がある。

アメリカのオバマ大統領は原爆投下について、戦争終結のため無辜《むこ》の市民が核によって殺されたことを謝罪し、献花とクリスチャン式の祈りを捧げた。大統領はスピーチで「閃光《せんこう》と炎の壁によって、町が破壊されました」「私たちは戦争自体に対する考え方を変えなければいけません」と述べた。これは、戦争への反省も含めた演説として、非常に良かった。加害を隠し、被害国を装ってはいけない。

一方、日本は、原爆による被害国であることを強調し過ぎているのではないか、という疑問が私にはある。もちろん、日本が被爆国であることは間違いない。しかし日本は、この被爆をもって大東亜戦争の責任を逃れてはいけないと思う。

日本を「被害国」として強調し、ある種の「イメージアップ」をはかろうとしている人たちがいることに、私は抵抗を感じるのである。そうした人たちは、韓国などの他国よりも、自分たちの方が被害者であると言いたいのではないかと感じることもある。だが、日本は戦争を起こした加害国であるということを払拭してはいけないと思う。被爆で、こうした責任を埋没させてはいけない。あくまで原爆投下は「戦争中」に起きたことである。

日本は、加害国でありながら被害国でもあるということを、しっかりと認識すべきであろう。私は、戦死か虐殺か、認可された売春婦か性奴隷か、当時の言論の不自由さや教科書への検閲などについても、多くの資料をもとに検討した。日本は、戦争責任から逃れることはできない。だが同時に、戦勝国も敗戦国も、共に戦争の被害者であるということを悟るべきであろう。

残念ながら、この世には、平和主義者を装いつつ、破壊、侵略、戦争を行う者が多い。そして、どの侵略者も口にする言葉は「平和か、人道か」である。

日本人の慰安婦が被害を名乗り出ないのは、日本人全体が、心の中に加害者意識を持っているからだと言う人もいる。彼女たちが被害を語ると、また新たに多くの人権問題を提起しなければならないからだと。このようなことから、無数の日本人女性の犠牲を想像することができる、と言う人たちもいるのである。

だが、これは日本だけでの話ではない。中国や韓国でも同様である。もちろん、日中韓で温度差や見方の差はある。例えば在日朝鮮人の被爆者たちは、日本の戦争による被害、アメリカの原爆による被爆という、二重の被害を受けたと言え、この二重苦を声高に唱えたくなるかもしれない。彼らにとっての終戦は、ただの解放や独立ではないのである。

ジョン・ラーベの『南京の真実』は、事実に基づいて客観的に書かれた本である。この本では、南京戦の戦死者を五〜六万人と推定している。だが、なぜ中国では、三〇万人などと大げさな宣伝をするのか。アイリス・チャンの著書『ザ・レイプ・オブ・南京』でも、残酷で怖ろしい日本軍の行為が、これでもかと書かれている。

一方で、平和運動家たちが訴える「平和」という言動にも、注意を喚起しておきたい。多くの戦争が「平和のために」という大義名分で正当化されるということは、すでに述べた通りである。我々は国家に安住し、国家によって守られているが、国家は戦争も起こし得る、危険なものでもあるということに、もっと注意しなければならない。特にナショナリズムは怖い。

国は軍隊を持っている。今後も戦争がないわけではない、という前提に立って、国家は軍隊を必要とする。暴力にも正当防衛があるように、防衛戦もまた必要となる。軍隊は、こうした生命保険のような性質もあるのである。

本書で私は、朝鮮戦争の体験を語り、韓国の貞操ナショナリズムの本質に迫り、それを警告したかった。韓国の独立記念館では、残虐な日帝植民地史を生々しく展示し、反日感情を高めている。日本軍の組織的な残虐性を強調しながら、それを平和へと結びつけるのは難しい。誰が見たって、残酷な日本軍、日本人は絶対的に悪い、となるのがオチである。

それと共に、韓国自身の警察によって性拷問や水拷問が行われたということも、決して許してはいけない。私は、戦争はもちろん、韓国の多くの歴代大統領の独裁を経験した。それをもって私は、戦争に対する反省と平和を叫び続ける人たちに、語り続けたいのである。

戦争は平和に、安易にはつながらない。平和は自然な状態ではなく、積極的に守るための装置が必要である。かといって、戦争が前提となるのではない。戦争がなければ平和が成立しないように考えてはいけない。戦争と平和は別のものである。だから、被爆地や激戦地をもって平和をうんぬんすることは意味がなく、それらは必然的なものではない。戦争と平和のプロセスがいかにダイナミックであり、困難さを含んでいるのか、私は知っている。それは、たとえ遠回りになってとしても、教育と文化活動によって行われるべきだと思っている。

だが、世界的な傾向として、激戦の地や虐殺記念館など、悲惨な遺跡をめぐる観光がさかんになっている。私はドイツ・ミュンヘンにあるナチスのダッハウ収容所跡地の記念館を訪問したことがある。二〇〇五年末の午後、閉門時間の少し前に入館した。ここはもともとナチ党が、一九三三年にユダヤ人ダッハウ強制収容所として設置した施設である。観覧者も少なく、骸骨や刑具など、見るのも怖く、つらい時間であった。このような展示を通して平和を訴えるのは正しいのか。この時も、そう思った。

私は、こうした「戦争を通して平和を教育する」という論理には、反対である。多くの戦争は「平和のため」に行われ、中には「正しい戦争」が主張されることすらある。これは、極論すれば「平和のためにもっと戦争しなければならない」というような思考にまで至ってしまう。

だからこそ、戦争や敵を想定した平和教育は、やってはならないのである。では、何を、どう教えるか。例えば、アメリカの子供向け教育番組に「セサミ・ストリート」があるが、私は、この番組のように、子供たちが「遊び」ながら「協力」し、お互いを「愛する」ように教えることが、やはり一番望ましいのではないかと思う。そこにおいて、主語は「愛と平和」であり、「悲惨と被害」ではないからである。

戦争反対や平和運動を訴えるのは、確かに簡単ではない。それを、被害を生きている現場からどのように思索していくのか、そうしたことが問われ続けるべきであろう。

②「正しい戦争」はあるのか

戦争は正しいか、否か。戦争の本質とは何か。戦争中のモラル、国際政治をどう考えるか。かつて、そういった問題についての討論が行われたことを思い出す。私は、二〇〇九年六月に東京大学で行われた「戦争と戦没者をめぐる死生学」（代表・島薗進教授）のシンポジウムで司会を担当した。そこで私は、マイケル・ウォルツァーの戦争論（『正しい戦争と不正な戦争』）に関心を持って書評を書いたことがあるという話をした。

彼の「正しい戦争」という表現に、怒る人もいるだろう。しかし、「正しい」などという言葉をはるかに超えた、「聖戦」を叫ぶ人々もいるのである。実際、イスラムや北朝鮮では、まだ聖戦という言葉が使われている。日本も、かつて大東亜戦争を起こし、聖戦を戦った国である。だが、今ここでそれを詳細に論ずるわけではない。

戦前の日本人の多くは、聖戦とは呼ばないまでも、自分たちの戦争を賛美し、あるいは肯定した。そして、日本の領土が広がり、そうした舞台で活躍するという希望を持った人も多かっただろう。私はそれを、満蒙開拓団の引揚者たちの証言を聞いて実感した。

そのような日本人も、戦後になると、時流に乗って戦争を非難し、平和主義者に変身した、ということに注目したい。それは、時代認識として成熟した結果だと言えるのか、あるいは、単なる変節に過ぎないのか。

私には、戦後の世代が安易に戦前を非難したり、悪く言ったりするのは、良いこととは思えない。私は朝鮮戦争中、共産主義が民主主義に変わるという状況を体験した。そして、こうした状況に合わせて変身した人を多く見た。状況が変わるたびに、それで出世する人、犠牲になる人が出た。状況の変化に鈍感な農民は、かえって安全だった。戦争や時流を通じて我々は、それぞれの人生を問われているのである。

さて、「正しい戦争」とはどういうことだろうか。そこでは、戦争は、人類の悲劇を防ぐための、最終的な暴力として認めざるを得ないという、「必要悪」として行われるとされている。つまり、侵略や戦争犯罪などを防ぐために戦争をするということである。ここでの戦争は、あたかも救済策のようにも聞こえる。

私は、朝鮮戦争で国連軍が戦い、朝鮮半島が統一されなかったことに感謝している。ベトナムのように共産主義によって統一されず、民主主義国家が守られたことに感謝する。その意味では、防衛のための戦争は大規模な救援活動と言えるのかもしれない。問題は、「人権」や「平和」を守るためにという、正当化と合理化の判断である。戦争が起こる、そして平和が来る、というような、安易な戦争の正当化は危険である。前出のウォルツァーは、戦争に至る道をふさぐことが政治であり、戦争は政治の最終手段であると言う。だが、戦争はあくまで問題解決の手段に過ぎず、平和への期待はできない。

彼は、戦争が人権と人道を侵してはならないと言う。だが、人と人が死を覚悟して戦う戦争における人権とは、いったい何を指すのだろう。彼は、残虐行為、非戦闘員や民間人の殺戮《さつりく》行為のある戦争は、正しくない戦争だという。だが、朝鮮戦争では、無防備な民間人への殺戮が実際に起きた。

戦争はスポーツではない。民間人に対する略奪や強姦に手を染めない「正しい戦争」では、スポーツの試合のように、選手（兵士）はルールを守るのであろうか。そんな正義感を持った、天使（?）のような戦士が存在するのだろうか。

戦時中に起こる苛酷な暴力に対しては、「正しい」軍事力の行使などできない。民間人の殺戮や性暴行などは、常に起こりうるということを前提にしなければならない。そして、そうしたことが起きてしまえば、全ての戦争は結局、「不正義」なものになると考えるべきである。それで、大量の命を賭けるような戦争というものを、認めるわけにはいかないのである。

今後も、デマ、狂信、民族国家の主権の侵害などで、さまざまな武力紛争が起きるだろう。近い将来、敵軍だけを無力化し、ロボットや無人爆撃機、監視衛星やハイテク兵器による戦いが中心になるなどというのは、妄想である。戦争はあくまで、死を覚悟した集団による戦いである。実際、これまで戦争によってどれだけ多くの人が犠牲になったのかということを、考えるべきである。

無辜な市民に対する殺戮行為のある戦争は、もちろん正しくない。しかし、だからといって、無辜な人々を主に殺すテロへの対策としても、「正しい戦争」論では対処できない。もちろん、テロという人類の悲劇は防がねばならない。こうした自らのテロを「聖戦」と呼ぶ、そのようなテロは古くからあった。だが、政治の最終的な手段である、ある種の「暴力」を使っても、こうしたテロへの防衛は困難である。テロは、単純な戦争や戦術では防衛できない。だからこそ私は、命と人権を尊重する「徳治」へ戻らなければならないと考える。そして、そのための「平和教育」が必要なのである。

先にも述べたように、たとえ戦争はなくとも、国家に軍隊は必要である。共同体は、戦争から自らを守るために、軍隊を持つ必要がある。それはただ抑止力のためだけではない。暴力にも正当防衛があるように、防衛戦は必要であり、場合によっては先制攻撃も必要となる。だからこそ、その戦争に至る道をふさぐための「政治」が必要なのである。

③戦争と性

私は、戦争中に社会秩序が完全に乱れ、人間が動物化していくところを現場で見た。その経験をもとに、これまでも人間の本質と倫理について書いてきた。特に、戦争中の性暴行と慰安婦の発祥について、研究を重ねてきた。

韓国人のほとんどが、日本軍の従軍慰安婦については反感を持っている。だがそれは、世間の反日的な気流に乗って、膨らんでいるという部分もある。先日私は、韓国から来られたある主婦と昼食をとりながら、彼女が慰安婦についてどのような認識でいるのか、聞いてみたことがある。彼女いわく、慰安婦は「強制連行された若い女性が軍隊の中で軍服を着せられ、軍人として、軍人専用の場所で、軍人相手にセックスをする仕事をさせられている女性たち」、つまり女性兵士、軍属だったという認識であった。

このような、誤ったイメージを持っている人は、彼女だけではない。だが、それに目をつむることはできない。こうした人たちは逆に、ベトナム戦争における韓国軍の残酷な殺人や、韓国警察による性暴行や水拷問などには、寛容であったりするからだ。

人が殺し合う戦場に、慰安婦がなぜ登場するのか。戦死した者への怒りや悲しみの声よりも、生き残った慰安婦の悲惨さの方が強調されるのはなぜであろうか。戦争中という命の危機に際して、なぜ性欲が表出するのか。戦争という特殊な状況か、人間性の問題か。

もちろん、私の戦争体験だけで全てを理解することは難しい。だが、実際の戦争を経験し、その現場を見てきた私だから、実感できることもまた多いのである。

戦場には確かに慰安婦が存在した。日本軍もまた同様であった。明日の命も知れぬ戦場で、将兵たちの中に、動物本来の生殖本能が渦を巻いている。そんな生死の境をさまような男たちの煩悩を受けとめ、心を癒してくれる存在として、慰安婦もあったのではないか。

日本の読者には不愉快かもしれないが、ある資料を紹介する。これは、一九四二年の真珠湾攻撃直後、日本軍占領下のマレー半島で捕虜となった二〇余名のイギリス婦人と子供を、シンガポールの捕虜収容所まで徒歩で移動させるという映画である。この映画では、イギリス婦人たちが汚い水を飲み、子供が蛇にかまれて死ぬ。捕虜の男性が射殺される。ラストは、生き残った二人の男女が後に邂逅《かいこう》するシーンで終わる。一九五六年のカンヌ映画祭への出品を日本政府の抗議で中止された問題作である。

日本人は、この作品に対し、こう言うかもしれない。日本軍は、東洋の平和のために戦った皇軍の勇士であるから、このような卑劣な行為はしない、この映画は全くの虚構であり、でっちあげである、と。

だが私は、この映像を見て、今まで日本側の情報や映画だけを資料として見ていたことを反省している。兵士の残虐さよりも、日本兵たちがイギリス人の時計やネックレスなどを略奪する場面での失望が、特に大きかった。終戦の時にソ連軍が略奪をしたという証言を多く読んだり聞いたりしたことがあるが、日本軍の兵士も同じように略奪をしたということは、それまで聞いたことがなかったからである。

前にも触れたように、戦争の最前線では、警察はもちろん、憲兵でさえも治安に力が及ばない。そうした最前線では、軍人たちは最も自由な状況に置かれる。それは狂気でもなく、正気でもない、境界的な状況かもしれない。そのような状況の中では、突発的にしろ組織的にしろ、殺人や強姦などの犯罪が起こりやすく、それが、戦争には性暴行が「付きもの」だと言われるゆえんとなる。

これも先に触れたが、戦時中の性暴行は、敵の女性、その女性の夫や家族、そして国家の名誉とプライドを辱めるために行われる、という説がある。日本軍による南京大虐殺の時、スペイン人がメキシコを征服した時、終戦時のソ連軍、ベトナム戦争の時、一九九二年の夏にはセルビア軍の兵士が多くのボスニア女性を強姦したし、インドネシア軍の兵士は中国華僑の女性を強姦した。これらの例から、強姦や性暴行が、敵側へ戦術的な被害を与えたというのである。

しかし、繰り返すように、朝鮮戦争の時は、敵の女性への性暴行はあまり行われなかった。私が目撃したのは、敵方ではなく味方への性暴行であった。国連軍の場合はむしろ、敵ではないはずの韓国の女性への性暴行が主だった。米軍が韓国の女性に、韓国軍が自国民の女性に、性暴行を行ったのである。

この世界には「正しい戦争」などというものはない。私はそれを痛感する。

おわりに

本書で私は、戦争体験をもとにした戦後史を、自伝的なスタイルを使って書いた。確かに戦争は悪いが、韓国の社会を根本的に変革させたのもまた事実である。戦争には重要な意味がある。組織や物資などが、社会の結束・階層化・解体などに影響を与えたり、敵を憎むことによって民族主義が強くなったり、クーデターによって軍人が政権を握ったり、それによって国家意識が創出されたりする。これらの影響にはもちろん、肯定的・否定的な両面があるが、学者によっては、より肯定的な面に傾く傾向もある。

一〇歳のころの戦争体験、陸軍士官学校の教官、その後の予備軍などで、戦争は常に私の近くにあった。そこにもう一つ、「植民地」が加わった。それは、国家としても、私にとっても、大きなものである。私が、こうした植民地と戦争に対する関心を持ち続けた結果が、この本でもある。これらの、戦争と植民地に関する研究は最初、韓国だけのものであったが、日本に留学し、日本の研究者となってからは、日韓関係のものになっていった。それと同時に、私にとって「反日」と「親日」は、危険な、そして怖い言葉になった。

日本が敗戦した終戦記念日と、韓国が解放された光復節が、私には重なって見える、と書いた。日本は原爆とその被害を強調し、対する韓国は、光復、つまり独立を強調する。「敗戦・終戦」と「解放・独立」が互いに交差する八月には、日本では終戦記念日、韓国と台湾では光復節、北朝鮮では民族解放記念日がある。戦争や植民地の歴史は、「支配と被支配」、あるいは「加害と被害」の二項対立になるのが常である。最近はそこに慰安婦問題が加わって、日韓関係はさらに複雑な状況になった。

私は、以前から戦争中の性暴行などについて研究、発表をしてきたが、その延長線で、この慰安婦問題を扱うようになった。その成果の一つが、前著『朝鮮出身の帳場人が見た慰安婦の真実』である。本書は、その対になるものである。

特に本書では、まず性暴行が起こる状況へと焦点を置いた。言い換えれば、犯罪の「時間帯」に関することである。具体的には、戦いが終わった瞬間から治安が回復するまでの期間、言わば正気と狂気の境界的な時間領域である。

地域的に言えば、非常に危険で、売春婦たちが入って来られないようなところで起こる。なぜなら、そこではまだ売春という行為が成立しないからである。こうした戦況によって、性暴行は起こるということである。

その次の段階では、貞操を守るために売春を認めざるを得ないという矛盾が起きた。いや、矛盾と言うより、非倫理的であるはずの売春が他方では倫理性を持つという、二面性があることが分かったのだ。

戦争の交戦中という状況では、軍人だけでなく、一般人も正常ではなくなり、性を資本として売り物にしたのである。これは、性を売ることは特殊な人たちだけではなく、状況によっては誰でもそうなりうるということでもある。私の村の例で言えば、村人は売春婦たちに部屋を貸して現金収入が得られるし、村の女たちを性的に安全に守ることもでき、一石二鳥と考えたのである。こうして、伝統的な儒教倫理を持つ村が一瞬にして米軍の売春村となり、彼女たち「従軍慰安婦」に依存するようになったのである。

次に私は、慰安婦問題は目下の問題ではあるが、その源流は歴史的にさかのぼることができるということを述べた。これらは、今になって突然現れたとか、日韓関係によって生まれたというようなものではないのに、実際に外交問題のカードになっている。こうした伝統的な貞操観は、歴史を超えて、現代の政治的・外交的な政策に影響するのである。

先にも書いたが、これまで例外的に「外貨を獲得して国を救った」という愛国的行為として語られることはあったが、基本的には、売春婦や犯された女性が政治的な場面に浮び上がるようなことは、ほとんどなかった。貞操を尊重する韓国社会においては、売春婦のような女性は明らかに差別されたし、貞操を守れなかった女性は、その事実を隠そうとするのが常であったからだ。そのことは、韓国では最近まで貞操に関する法、つまり姦通罪などの刑法を持っていたということでも理解できる。

この相反する感情を表現したものに、米軍相手の売春婦を指す「洋カルボ」「洋公主（西洋の王女）」という言葉があった、ということも述べた。この二つの語は基本的に侮蔑語であるが、同時に、「売春婦」を「お嬢様」と表現するという、二重の意味を含んでいる。

一九五〇年に始まった朝鮮戦争は「南北統一のための戦争」だったが、結果としては、皮肉なことに、世界で最も緊張の強い、同民族間の敵対関係を生み出した。戦場では多くの、人の殺害、死体を見た。それは思い出したくない記憶でありながら、いつまでも頭から消えない。だが、戦争には破壊や殺人だけがあるのではなく、娯楽や浪費もあった。私は実際にそれを見て、体験した。多感な少年期の波乱に満ちた日々ではあったが、しかし、その後の私の人生を決定づける、貴重な体験であったと思っている。

二〇〇九年九月、私は南アフリカの地を訪れた。より近い歴史における、世界じゅうの人々から「絶対悪」とされる、植民地の現場を見て回るためである。

植民地と近代化、抑圧と自由、不幸と幸福、調和と葛藤など、遠くて近い話がそこにあると思った。そうしたことが、この地ではどうなっているのかを知りたかった。観光ではなく、調査でもなく、放浪者のようにただその街を歩きながら、考え、悩むような旅だった。

この旅行を計画している最中に、私は体調を崩してしまい、周囲の人からも、旅行は中止したほうがよいのではと心配する声を多くいただいた。しかし私は内心、これが「最後の旅」になっても行く、と強く心に決めていた。

反日と親日の東アジアから遠く離れ、解放されて考えたいと思った末の旅だった。植民地という悲惨な歴史は日々、遠ざかっていく。そうした中で、歴史は歴史、現実は現実である、ということを、自分の目で確かめてみたかったのである。

歴史における負の遺産を掘り起こして、小さな問題を大きくしようとすることは、生産的な態度ではない。もちろん、国の政策としても、同様である。

本書が、日韓関係の本質を理解するための一助となり、両国の友好関係に多少なりとも資することができれば、著者としては幸いである。


本書を出すにあたり、ハート出版編集部の西山世司彦様には大変お世話になりました。そして編集長の是安宏昭様には、細部にわたり原稿の構成・校正などで大変お世話になりました。また家内の幸子には、現地調査から校正まで、よきパートナーとして協力を得ました。ここに感謝の意を表します。

参考文献

崔吉城「韓国社会における飲酒・飲茶の意味」『日本民俗学195』日本民俗学会、一九九三
崔吉城「韓国の喫茶店『茶房』の文化人類学」『国際研究』中部大学、一九九四
崔吉城「韓国現代社会における『売春』」『日中文化研究 9』勉誠出版、一九九六
崔吉城「日本の水子供養と東アジアの男児選好」『比較民俗学 16』比較民俗学会、一九九六
崔吉城「波市考」『韓国民俗への招待』風響社、一九九六
崔吉城「朝鮮戦争と韓国社会の変化」『変貌する韓国社会』第一書房、一九九八
崔吉城「韓国人の貞操観」『アジアの性』諏訪春雄編、勉誠出版、一九九八
崔吉城「韓国における性と政治」『アジアの性』諏訪春雄編、勉誠出版、一九九九
崔吉城「朝鮮戦争における国連軍の性暴行と売春」『アジア社会文化研究』2号、広島大学大学院国際協力研究科、二〇〇一
崔吉城「韓国における処女性と貞操観」『恋愛と性愛』比較家族史学会編、早稲田大学出版会、二〇〇二
J＝G・マンシニ著、寿里茂訳『売春の社会学』白水社、一九六四
中蕙秀著、金早雪訳『韓国風俗産業の政治経済学』新幹社、一九九七
田中雅一『軍隊の文化人類学』風響社、二〇一五

タン・ダム・トゥルン著、田中紀子・山下明子訳『売春―性労働の社会構造と国際経済』明石書店、一九九三
マイケル・ウォルツァー著、萩原能久監訳『正しい戦争と不正な戦争』風行社、二〇〇八
マイケル・ウォルツァー著、駒村圭吾・鈴木正彦・松元雅和訳『戦争を論ずる―正戦のモラル・リアリティ』風行社、二〇〇八
ラルフ・S・ハトックス著、斎藤富美子・田村愛理訳『コーヒーとコーヒーハウス』同文舘出版、一九九三

〔韓国〕

金龍徳「婦女守節考」『李朝女性研究』淑明女子大学亜細亜女性問題研究所、一九七六
崔吉城「韓国の貞操観」『韓国人類学の成果と展望』集文堂、一九九八
周永福『わたしが体験した朝鮮戦争』高麗苑、一九九〇
趙南勲・徐文姫『性比の不均衡変動推移と対応方案』、韓国保健社会研究院、一九九四
張竜傑「韓国戦争を通してみる民衆の両義的心性に関する一考察～『韓国の米軍慰安婦はなぜ生まれたのか』を中心に～」『地域産業研究』41-1、慶南大学校産業経営研究所、二〇一八
朴珠『朝鮮時代の旌表政策』一潮閣、一九九〇
朴鐘晟『韓国の売春』インカンサラン（人間の愛）、一九九四

〔その他〕

Alvin and Heidi Toffler, *WAR AND ANTI-WAR: Survival at the Dawn of the 21st Century*, Little, Brown and Company, 1993:
19,24 Noam Chomsky, At War with Asia, Fontana, 1971: 12-13
Daniel Goodkind, *Sex Preference for Children in Vietnam, Sex Preference for Children and Gender Discrimination in Asia*, 1996.

Grinker, Roy Richard, *"The Real Enemy of the Nation: Exhibition North Korea at the Demilitarized Zone", Museum Anthropology 19:31-40*, 1995.

Gu Bao Chang Li Yong Ping, *Sex Ratio at Birth and Son Preference in China, Sex Preference for Children and Gender Discrimination in Asia*, 1996.

Iris Chang, *The Rape of Nanking: The Forgotten Holocaust of World War II*, Penguin Books, 1998.

James Francis Warren, *AHKU and KARAYUKI-SAN: Prostitution in Singapore 1870-1940*, Oxford University Press, 1993.

Moon, Katharme H.S., *Sex Among Allies: Military Prostitution in U.S.-Korea Relations*, 1998.

Nam-Hoon Cho & Monn-Sik Hong, *Effects of Induced Abortion and Son Preference on Korea's Imbalanced Sex Ratio at Birth*, 1996.

Patricia Whelehan, *An Anthropological Perspective on Prostitution: The World's Oldest Profession*, The Edwin Mellen Press, 2001.

Yang, Hyunah, *Remembering the Korean Military Comfort Women: Nationalism, Sexuality, and Silencing. Dangerous Women*, eds. Elame H. Kim and Choi Chungmo, Routledge, 1998.

Yoo Cholin, *Life Histories of Two Korean Women Who Marry American GIs*. Ph.D. dissertation. University of Illinois at Urbana-Champaign, 1993.

◆著者◆
崔 吉城（チェ キルソン）
東亜大学人間科学部教授、広島大学名誉教授、東亜大学東アジア文化研究所所長
1940年6月17日　韓国京畿道楊州に生まれる
1963年8月　国立ソウル大学師範学部国語教育学科卒業
1985年3月　筑波大学文学博士
専攻は文化人類学
著書に『朝鮮出身の帳場人が見た慰安婦の真実』（ハート出版）『韓国のシャーマン』福留範昭・訳（国文社）、『韓国のシャーマニズム』（弘文堂）、『韓国の祖先崇拝』重松真由美・訳（御茶の水書房）、『恨の人類学』真鍋祐子・訳（平河出版）、『韓国民俗への招待』（風響社）、『これでは困る韓国：ニューカマー韓国人の対話』呉善花・共著（三交社）、『親日と反日の文化人類学』（明石書店）、『哭きの文化人類学：もう一つの韓国文化論』舘野晳・訳（勉誠出版）、『樺太朝鮮人の悲劇：サハリン朝鮮人の現在』（第一書房）、『映像が語る植民地朝鮮』（民俗苑）、『雀様が語る日本』（新典社）がある。
著書『朝鮮出身の帳場人が見た慰安婦の真実』は、「第五回 国基研 日本研究特別賞」を受賞した。

公式サイト「崔吉城ホームページ」http://www.choikilsung.net/
公式ブログ「崔吉城との対話」http://blog.goo.ne.jp/dgpyc081

※本書は、平成26年に当社から刊行された『韓国の米軍慰安婦はなぜ生まれたのか』を、再構成の上、増補改訂したものです。

朝鮮戦争で生まれた 米軍慰安婦の真実

平成 30 年 6 月 29 日　第 1 刷発行

著　者　崔　吉城
発行者　日高裕明
発　行　株式会社ハート出版

〒171-0014 東京都豊島区池袋 3-9-23
TEL.03(3590)6077　FAX.03(3590)6078
ハート出版ホームページ　http://www.810.co.jp

定価はカバーに表示してあります。
ISBN978-4-8024-0060-2　C0021
乱丁・落丁本はお取り替えいたします。ただし古書店で購入したものはお取り替えできません。
印刷・中央精版印刷株式会社

朝鮮出身の帳場人が見た 慰安婦の真実

文化人類学者が読み解く『慰安所日記』

崔 吉城 著

ISBN978-4-8024-0043-5　本体 1500 円

アメリカに正義はあるのか

グレンデール「慰安婦像」撤去裁判からの報告

目良浩一 著

ISBN978-4-8024-0055-8　本体 1500 円

日本が忘れ 韓国が隠したがる

本当は素晴らしかった韓国の歴史

松木國俊 著

ISBN978-4-8024-0045-9　本体 1500 円

犠牲者120万人　祖国を中国に奪われたチベット人が語る

侵略に気づいていない日本人

ペマ・ギャルポ 著

ISBN978-4-8024-0046-6　本体 1600 円

大東亜戦争は日本が勝った

英国人ジャーナリスト ヘンリー・ストークスが語る「世界史の中の日本」

ヘンリー・S・ストークス 著　藤田裕行 訳・構成

ISBN978-4-8024-0029-9　本体 1600 円

敗走千里

ＧＨＱに隠蔽された日中戦争の真実。100 万部超の名著を完全復刻！

陳 登元 著　別院一郎 訳

ISBN978-4-8024-0039-8　本体 1800 円